死亡通知書的日期自己填

量子糾纏的雨季

王浩一

推薦序

在有限的餘生裡，一起聰明變老

◎凌性傑（作家、臺北市立建國高級中學國文科教師）

來到人生下半場，忽然覺得關於餘命與餘生那些事，愈早思考愈好。如果不知從何想起，王浩一《量子糾纏的雨季》已經為我們提出了生命旅程中最重要的幾個叩問。《量子糾纏的雨季》的副標題是「死亡通知書的日期自己填」，這概念乍看之下相當聳動，仔細一想才發現那是多麼豁達爽朗。生死壽夭，命中自有定數。敢於迎接未知，而且有能力想像死亡通知書的日期，這何嘗不是一件幸福的事。因為正視死亡，明白人生終期於盡，才有機會判斷餘生怎樣可以過得更好？如何讓自己變成一個更好的人？

不少朋友知道，我每年固定更新遺囑，並且把遺囑置放在辦公桌的檔案架上，當我坐在辦公室的時候都會看到。把身後事想得清楚明白，是我四十七歲那年送自己的禮物。遺囑就在那裡，成為鮮明的提醒，於是更加珍惜有生之年，告訴自己每一天每一步都要走得踏實。二〇二五年，台灣即將邁入超高齡社會，那意味著五分之一人口年齡超過六十五歲。台灣人平均壽命大約八十歲，不健康的餘命卻超過八年。許多高齡人口將要面對的困境是：長達八年的失能、癱瘓、長期臥床。或許，當醫療資源愈充足，醫療手段介入更深，不健康的餘命時間可能還會拖得更長。一想到這個，心裡當然有一點憂慮恐懼，擔心苟延殘喘地爭取餘命，反而失去自由與尊嚴。

我一直很喜歡高齡藝術家的創作，其中有驚人的靈魂能量。高齡創作者經過歲月的淬煉敲打，身心機能日漸退化仍奮力一搏，試圖向虛無宣戰，留下一些存在的痕跡。他們面對疾病的襲擊、死亡的威逼，善用有限的餘生，展現的是氣度與尊貴。薩伊德（Edward Said）所述的藝術家晚期風格，不一定只有成熟圓融，有可能是盡情放飛自我，甚至是不顧一切地把自己放逐到邊界，突破所有成規。老驥不願伏櫪，志在奔赴一個更遼闊、更孤獨的荒野，這樣的氣魄令我受到巨大震撼與鼓舞。我欣賞有些藝術家的晚期狀態，孤絕而反常，勇於實驗，勇於嘗試逆行的創造。

當我過了五十歲生日，不得不接受年紀帶來的心理暗示，同時真確感受到人生下半場的風景。這時漸漸有雲散月明的感覺，腳步變得比較輕盈，心裡也比較篤定了。

二〇二〇年，讀到一則關於幸福感與年齡的報導，標題很嚇人：「人生四十七歲時最悲慘」。一系列的報導內容引述，美國國家經濟研究院調查全世界一百三十二個國家人民的幸福狀態跟年齡的關聯，用數據證明「中年危機」確實存在。從出生到年老，人生有一條「幸福曲線」。經濟學教授布蘭弗洛（David G. Blanchflower）以經濟學的觀點研究幸福感：童年是一生中最幸福快樂的時期，隨著年齡增長，煩惱愈來愈多，成年後的幸福感迅速失落，四十七到四十九歲之間是多數人一生中最低潮的時期。歐洲國家資料顯示，接近五十歲是服用抗憂鬱藥物的高峰。所幸，當幸福感降到最低點就會產生翻轉，大約五十歲左右慢慢回升。這個結論很能慰勉初老的人們，五十歲之後的人生還是大有可為。為此，我很傷心，有些朋友沒有熬過四十七歲的人生低谷就提早離席。

幸福感的形成，與成就、財力、健康、家庭關係……，都有密切相關。青壯時期的學習表現、升學競爭無一不是壓力，職場生涯、戀愛婚姻也在在都是重擔，只要處在社會關係脈絡裡，人生必然是要負重前行。體能狀態、工作業績、家庭照顧，這些課題到了中年階段愈發艱鉅，難怪不易感到幸福。

勞赫（Jonathan Rauch）在《幸福曲線》書中敘述自己的體驗，也寫出各行各業經歷五十歲低潮的故事。他說：「中年低谷，不該是一條獨自走過的路。」透過理解他人奮力一搏的故事，可以增長自己的生活智能。一般人若是對自己期待過高，就容易不滿足，也容易對人生感到失望。只要修正對自己的期待，便有機會從谷底爬升，找回屬於自己的生命節奏，重新領略人生的喜悅。

王浩一聰明變老系列書寫，正是帶我離開谷地的憑藉。

一般人都說「千金難買早知道」，我卻深深覺得，「千金難買馬上做，千金難買甘願受」。早知道就寧可不要結婚，早知道就趕快跳槽，早知道就好好鍛鍊身體，早知道就多花點時間陪伴家人……，各種「早知道」產生的懷疑懊悔都是內耗，自尋煩惱，愈想愈累。人生沒有後悔藥，不需要那麼多「早知道」，要的是馬上做出聰明的抉擇與行動，行動了就勇於承擔不逃避。《量子糾纏的雨季》提供的示範，是與外在環境相往來，管理內在情緒，富養善待老後的自己，創造出坦然自適的餘生。

餘生需要不斷地創造，是我從《量子糾纏的雨季》中獲得最重要的啟發。王浩一在書裡與古今風流人物對話，見證各種精采的餘命。他自己退休後把生活焦點放在身心安頓，跟自己和解，跟家庭和解，也跟世界和解。從此人生再不需要算計競爭，而是編織一張柔軟的人情之網，隨時讓情感有所安放。

我一直揣想，四十七歲時的王浩一承受過什麼、放棄過什麼，做過怎樣的努力，才終於走到這七十歲的天地晴朗？

王浩一在著作中，曾引用祝勇的幾段話，那正好也是我讀祝勇文章感觸最多的部分。祝勇在《在故宮尋找蘇東坡》中談到蘇東坡的〈寒食帖〉，「有尖銳的痛感，卻沒有怨氣」。

祝勇從蘇東坡的性情與作品裡得到這些重要的啟發：

我不喜歡怨氣重的人，具體地說，我不喜歡憤青，尤其是老憤青。年輕的時候，我們對很多事物心懷激憤，還可以理解。但人到中年以後，仍對命運忿忿不平，就顯得無聊、無趣甚至無理了。怨氣重，不是在表明一個人的強大，而是在表明一個人的猥瑣與虛弱。

假如一個人無法改變他置身的時代，那就不如改變自己——不是讓自己屈從於時代，而是從這個時代裡超越。

一個人的高貴，不是體現為驚世駭俗，而是體現為寵辱不驚、安然自立。

四十七歲那年，我嘗試理解祝勇、理解蘇東坡，向他們的作品找力量，藉此從生命困頓處突圍。那時望著窗外的綠蔭溪流，行人來來去去，心裡於是有了一片清淨地。我決定，跟老憤青保持安全的社交距離，跟內在的憤怒怨念揮手道別，因此感到極度清爽，生活乾淨到像是沒有塵埃。

看著王浩一的都蘭鄉居照片，那真是過日子最好的樣子了。相片中的他元氣飽滿，喜悅微笑宛如一尊彌勒佛，我在心裡默默為這表情鼓掌，不斷發出讚嘆，同時許下心願，我想跟這種類型的人一起變老。

尤其讓我感動的是，《量子糾纏的雨季》與衰老、死亡直球對決，不過度想像死亡、美化死亡，只是真誠凝視無常變化而已。書中回顧童年陰影（那些親子關係的陳年憂傷），挖掘上一輩、上上一輩的人生軌跡，從而深度察覺自己的定位。讀到這些故事，我提醒自己要儲備更多靈魂能量，用更好的態度迎接人生的下一個階段。

《量子糾纏的雨季》延續之前幾本著作的寫作風格，王浩一以幽默爽朗的語調跟讀者聊天，分享初老的體會。其中有豐富的學養做為支撐，於是行文時可以把經典當做自己的註腳，把古人邀請來，跟自己往復對話。《孤獨管理》、《向夕陽敬酒》、《無照心理師的沙發》、《原來如此》、《量子糾纏的雨季》放在一起看，我再也不擔心衰老。《向夕陽敬酒》提到：「退休之後，人生還有風景，人生沒有想像中的短。去察覺人生有那麼多條路可走，偶而多繞路也無妨，因為可以看到更多人生風景。」《原來如此》則告訴我們：「幸福是樂齡者唯一的任務。」

七十歲的王浩一，藉由《量子糾纏的雨季》透露終極信念：「每個人都有自己的靈魂任務要達成。站在夕陽前，我們看著遠處和煦、橘黃、不刺眼的光芒，也要回頭看看身後，那個長長的影子，它就是我們的靈魂任務。凝視死亡，必須先凝視自己的影子。」在書中，王浩一敞開胸懷，與讀者交心，舉凡成長陰影、婚姻裂解、親緣關係……，幾乎毫不保留地，把有點悲傷的事全都說了出來。他在演講時提及：人生永遠沒有最晚的開始。生命的每個時期都是年輕的、及時的。退休前最好前瞻理想老後的自己，要自在老去、聰明慢老，別計算自己的「殘值」，要累積自己的「加值」。如此一來，面對各種生命的考驗、死亡的威脅，都會比較自在。

《量子糾纏的雨季》除了知識含量豐沛，旁徵博引各種文史掌故，看電影的心得往往也是最好的生活註解。我很喜歡書裡引用的、電影《夏美的螢火蟲》「三個幸運」的典故，王浩一藉此剖析他母親的人生心得，而這也是血緣親情最圓滿的境界：「第一個幸運是來到人世間，第二個幸運是深受父母寵愛，第三個幸運則是成為父母並且深愛自己的孩子。」《夏美的螢火蟲》裡，外號地藏的中年男子名字叫做惠三，即是在呼應「三個幸運」之說。血緣是命定，是上天給予的，往往無法如人所願。所以血緣裡這些幸運的型態，可說是上天的恩惠。

《量子糾纏的雨季》展現的大人氣度還有：好好地管理時間、管理孤獨、管理人際關係、管理身心健康……。最核心的靈魂任務是：保持從容帥氣，進行餘命管理。

艾倫瑞克（Barbara Ehrenreich）在《老到可以死》一書中曾提問：「對生命，你是要順其自然，還是控制到死？」她說：「變得老到可以死了，是一項成就，不是挫敗，而這份死不足惜的自由，值得大肆慶祝。」我想，盡力而為，順其自然，這樣就可以了。畢柳鶯醫師提出「斷食善終」的概念，讓我受益頗多。我喜歡的生命狀態、散文美學是「善始善終」──莊子說聖人要遨遊於「萬物不會失去、無從遺失」的地方，這樣就可以與萬物共存，跟整個宇宙合而為一。好好地開始、好好地結束，就是最美的安排。

《莊子．大宗師》提到：「故善吾生者，乃所以善吾死也。……故聖人將遊於物之所不得遯而皆存，善夭善老，善始善終，人猶效之，又況萬物之所係而一化之所待乎！」這段話的意思是：生命的自然規律裡，有生就有死，造物者既安排我好好活著，也妥善安排了我的死亡。人只要能善盡自己的生命責任，就能好好地迎向死亡。所以最高明的聖人要遨遊於任何事物都無從遺失、無所遯逃的地方，只要能與宇宙萬物一體，共存共化，就永不會失去，共同參與在永恆裡。對於能夠泰然處理生命長短、始終變化的人，人們都會向他效法，何況是對於萬物生命賴以維繫、一切自然變化所憑藉的「道」呢？

莊子所說的生命自然之道，在王浩一書中有太多具體的實例可供相互參照。生命不需要任何等待，便可悠遊於逍遙之境。消弭個體孤獨的界限，用一己生命與宇宙萬物相感應，或許就是書名裡量子糾纏的深意了。碰觸當下，也碰觸永恆，一切相互依存，一切相互成全。

讀《量子糾纏的雨季》，我直覺聯想到氣派的上野千鶴子。《上野千鶴子的午後時光》書中提到：「在這意外形成的超高齡社會中，一個人活得愈久，就會見證愈多的人比自己先死。長壽的痛苦之處，或許就在於要不斷地忍受失去。」「人雖然無法獨自出生，卻會逐漸變得孤身一人。失去配偶、子女自立、孫輩成年。在逐漸變得孑然一身的過程中，每個人都經歷了漫長的失去。」失去或許讓人覺得悵惘、可惜，但這也可能成為一門美麗的藝術。生離與死別一方面宣告了人我關係的結局，一方面提醒我們那是人生重新啟動的契機。失去了某些人事物，也失去了某部分的「原來的我」，但「原來的我」變成「當下的我」，不也挺好的？

上野千鶴子《一個人的老後》、《一個人的老後男人版》、《一個人的臨終》書裡有很多實用的生活技術，包括心理的調適、財務的管理、社會福利的照應。優雅地變老、優雅地死去，可能是現代人生命故事最好的結局。上野千鶴子提醒，老了之後可以沒有性伴侶，但一定要有可以吃飯聊天的朋友。《上野千鶴子的午後時光》寫道：「一個人活得愈久，變成單獨一個人的機率也愈大，尤其是女性，因為壽命更長、再婚比例低，因而往往比男性更常獨活。」「獨居最大的好處，就是能完全掌控時間和空間。無論要做什麼，都不必徵求別人的同意，不需要任何顧慮。這對女人尤其重要。」身為男性，壽命比女性短，我想這似乎也是個性別優勢。

感謝《量子糾纏的雨季》為我壯膽增能，讓我更有勇氣走向老境。王浩一的都蘭家居已然貓狗成群，草木扶疏爭茂，每天迎接太平洋的曙光，這確實是最理想的生活了。「一起聰明變老吧」，我對自己這麼說。

自序

曙光、昀光之後的晡光與暮光

「聰明慢老」的系列書寫，起於職場退休前夕，我以為那是初老階段了。書寫成了生命旅途的修煉，從理工男對初老的迷惑，到預測未來歲月的一路風景。

我曾說「用書寫的內容，來決定我的生活方式」，現在則以「前瞻，活出不自限的人生」，也開始養貓遛狗、種樹蒔菜，回到幾畝田園的人生原點。

二〇一八年《孤獨管理》，開始學習孤獨若水，明白它是一輩子的朋友。

二〇二〇年《向夕陽敬酒》，試說新老人，不需活得太努力，也別活得太消極。

二〇二二年《無照心理師的沙發》，隔空邀來七位古人，飲茶談餘命管理。

二〇二三年《原來如此》，懂得了，幸福是樂齡者唯一的任務。
二〇二五年《量子糾纏的雨季》，先凝視死亡，再「有覺知」地活在當下。

中年後，重新看待那四句話

我年輕時有個「平面設計師」身分，自己樂在視覺設計上展現美感與品味。一次把名片雙手遞給一位長者，他說：「年輕人，你以後會有報應。」原來名片設計上，我把姓名的小小字體放置在角落，頗富文青味。有老花眼的長者完全看不清我是誰，他笑說「你會有報應」，是說我也會有老花看不清的一天，而且很快！

年少時看金庸小說《射雕英雄傳》，喜歡黃蓉使計九指神丐洪七公傳授「降龍十八掌」給傻愣愣的郭靖，這一段故事從「亢龍有悔」這一招開始……年長後，我會從洪七公角度看待這對年輕人，理解他為何要傳授黃蓉三十六招「逍遙遊」武功，敦促郭靖學會降龍十八掌其中的十五掌。

表面上，第一招「亢龍有悔」是洪七公被黃蓉拍馬屁、戴高帽、灌迷湯，他才傳授的。之後的三十幾天又教導了郭靖其他十四招，理由是貪愛黃蓉的精湛料理。他向黃蓉說：「只要你多燒好菜給我吃，準能如你所願……。」「貪吃佳餚」是表面的理由，其實洪七公背後的哲理是「法不輕傳」，今天我教你，那是你用誠意來交換的。洪七公也有尋覓適當傳人的焦慮。

《笑傲江湖》裡，年輕的令狐沖在江湖掀起不小風波，他被師父岳不群處罰到玉女峰絕頂的一處危崖，面壁思過，偶而小師妹送來飯籃。他平日勤練華山派氣功和劍法，日子漸漸過著，發現小師妹有了其他心儀之人，悶悶不樂。一個心煩夜晚，一位蒙面青袍人現身，展露其深不可測的武功……幾番波折，最終在強敵田伯光來犯之際，那位白鬚青袍者出手傳劍……。《笑傲江湖》我看過三次，年輕時第一次看故事熱鬧，第二次學得隱士態度，第三次是中年後，此時會以前輩師叔風輕揚大俠的立場思考，為何要傳授他失傳的華山派劍法?是令狐沖的豪邁不羈?是資質悟性極高?是恭敬謙遜?是曠達善良?

古人有四句智慧之言：法不輕傳、道不賤賣、師不順路、醫不叩門。這些哲理，沒有足夠的歲月歷練可能不易深刻感受。

法不輕傳。說的是木匠手藝、武術大師的武功絕學、雕刻師的本領。通常來說，古人是傳藝給子孫，格局較大的大師則傳給天賦較高的。「不輕傳」並非狹隘小氣，而是德（品行）、志（價值觀）、才（天賦）三者依序考量。年輕時，要體悟成功沒有捷徑，一步一步。萬一，有成功入場券的取得機會，當大師挑選傳承的對象，貴在知敬、知誠、知勤、知慎、知止的人選。

道不賤賣。古代學生與教師初見面時，必先奉贈禮物「束脩」表示敬意，即使是孔子也收學費。有句由《道德經》引伸而出的成語則說：「將欲取之，必先予之。」愛情也是如此，要心心相印，彼此付出。知識授業解惑，也要相互印證、虛心受教。另言之，一個有成就的長者把自己做小了，是得不到尊敬的。

師不順路。「師」最初是指風水師，後來包含了授業老師。整體的意思是「當風水師給別人家看風水的時候，你不要請他順便到你家看看」。你的「順便」是態度輕挑、不尊敬、沒有啥價值的「不誠懇」。你隨便說說，風水師也隨便應應，你不敬事，憑什麼要人家掏心掏肺？有時，長者要堅守立場。成語「桃李不言，下自成蹊」，桃樹、李樹不會說話，但因其花朵美豔，果實可口，人們紛紛去摘取，於是便在樹下踩出一條路來。

醫不叩門。沒有一位郎中大夫會冒失到病患家裡。想想，如果一位患者不明白、不相信、不在意你的醫術，而你「不請自來」向他提供醫療建議，這是會「自辱」的。他人都不在意自己的健康，即使華佗在世的醫師苦口婆心也都是枉然。真理是，天雨雖大，不潤無根之草；道法雖寬，不度無緣之人。

這四句話的深意，年紀漸長，應該要多有深思。

中年後，「不要輕易度人，不要好為人師」，否則會成了「我們年輕時所討厭的老人家」，囉嗦、嘮叨、喃喃喋喋之流……。我們說「心有花木，向陽而生」，時辰未到，緣分未到，任何善意都是多餘，他人志不在此，苦口婆心也是枉然。年輕時，許多事我們不懂，常常「嫌棄老人家的善意」。一天，我們老了，要懂得逆向回想，當年我們「嫌棄對方」

的心理背景。中年後，要學會：誡之「不叩門，就不開門」；「不撞鐘，不要自己嘮嘮叨叨亂響一通」。

歲月漸長，總警惕自己不要嘮叨，「把自己活成以前我們討厭的老人！」

梁實秋說「入祠堂之日已不太遠」

當衰老、失智、死亡已經不是遠山，其實我們還有好多心靈自由的課程要學，我們需要解放過去生活裡的勞累與窒息。有人說，生活不只眼前的苟且，還有詩和遠方的田野。

我把百歲人生分成五個階段，它像是四季，也是一天裡不同的日光強度：

◆〇至二十歲，曙光，春。

◆二十至四十歲，昀光（讀音「雲」，從早上十點到午後兩點），夏。

◆ 四十至六十歲，晡光（讀音「哺」，台語「下晡」的時光），長夏。
◆ 六十至八十歲，暮光，秋。
◆ 八十至一百歲，星光，冬。

二〇二四年，我的家族有許多長輩走了，在告別式中，我總有強烈的感覺，「我現在站在海景第一排了」。文學大師梁實秋在〈老年〉一文中寫道：「時間走得很停勻，說快不快，說慢不慢。不知從什麼時候起，在宴會中總是有人簇擁著你登上座，你自然明白這是離入祠堂之日，已不太遠。」壯哉此言，面對暮光歲月，大師留下遺言：「人死如燭滅。不發訃文，不舉行公開喪禮，唯希望葬在台北近郊視野廣闊處。」

梁實秋享壽八十五歲，是著名的散文家、翻譯家，華人世界第一個研究莎士比亞的權威，有人讚譽他是翻譯界的「一座豐碑」。他的散文富有文趣之美，字裡行間充溢詼諧幽默，三言兩語道盡人生哲理。他一生留下兩千多萬字的著作，《雅舍小品》對我年輕時有「生命與生活引路人」的深刻學習與理解，近日重新開卷閱讀，有了另外的耳目一新，應該是歲月共鳴吧。

他說「四十開始生活，不算晚」、「花有開有謝，樹有枯有榮」、「寂寞是一種清福」……。他筆下的文字有一種魔力，初看極其平淡，但是每個字句皆有其用，講的道理簡單，卻耐人尋味。在〈老年〉一文，他舉了一個東晉時期的例子：大司馬桓溫，老年時看到他年輕時所種的柳樹胸徑，皆已兩人合抱，慨然說：「木猶如此，人何以堪！」接著他攀枝執條，泫然流淚。

梁實秋說：「桓公是一個豪邁的人，似乎不該如此。人吃到老，活到老，經過多少狂風暴雨驚濤駭浪，還能雙肩承一喙，俯仰天地間，應該算是幸事。」權傾天下三十年，桓溫到底是英雄還是梟雄？不重要了，他最終不能征服歲月。

覺知，有如火炬會照亮前面的道路

認識幾位家醫科醫生，閒聊中，他們喜歡引述一些來門診的大叔，門診中大家總喜歡嚷嚷期待快快退休，好像這樣就可以無痛無病，日子可以不用那麼累，睡到自然醒。醫生朋友總反問：「除了睡，退休之後想要做什麼？」答案很唯一：「還不知道，還沒想到……還在想。」

許多朋友，包含我，當收到家電宅配，不管是乾濕掃地機器人、滾筒洗衣機、多功能料理機、蒸汽燙斗、咖啡機、木工磨砂機、高壓沖洗機等等，統統不需要先閱讀說明書，我們這些理工腦「想當然耳」，即刻可以動手組合。除非遇到障礙，否則說明書就可免了。

同樣，我們都不需要先閱讀「人生說明書」，日子自然展開，如同曙光、昀光、晡光……日出月落，歲月裡的階段，童年、青年、中年、壯年……緩緩地過著過著。直到有一天，遇見障礙了，突然想起我們出生時有附上說明書嗎？什麼地方有賣「人生智慧地圖」？哪裡可以借讀「心靈自由導覽地圖」？

莫瑞．史丹（Murray Stein）的著作《男人．英雄．智者：男性自性追尋的五個階段》，所談的從自性到開悟，我以為這就是「個人內在發展的導覽地圖」。書中把男人一生的心理發展分成五個階段：一、母親：男孩的時代；二、父親：兒子的時代；三、阿妮瑪：

英雄的時代；四、自性：傳道人的時代；五、智者的時代。作者說在人們通往自由的路上，有關自由的陷阱、誘惑和錯覺，幾乎是無窮無盡的……。生命中，我們如何一步一步自覺與進化？當有一天，我們可能成為「其他人的智慧來源時」，那將是個人內在發展的終極目標。我以為，成就為傳道人、智者就是這本書的本意，中年後，我羅列它是「人生說明書」之一，開卷有益。

中年後人生地圖，如畫軸般地展開。這時候回首，端詳上半生的過往，腳步雜亂，但是，現在看懂了。至於下半生的未知，可以「預看」生命全貌，知道自己所處的座標位置，離我們靈魂任務尚有多少差距？還有多少關卡與挑戰？關於閱讀中年後人生地圖，對自己和前進的方向，我已經重新思考，甚至校正。

關於個人「內在發展」，其實任何階段都有其「覺知」過程，「上半生」從子宮開始，一直在嬰兒期、青春期、成年初期、中年危機等等。當我們渾然進入「下半生」，在客舟中、在僧廬下、在山巔、在月光下。必須懂得，每個階段，都有不同的生命任務，隨著個人的發展，也有了面對不同的心理挑戰。我以為，當有了生命導覽地圖，至少它可以摸著石頭過河，而不是「全盲」涉溪，在慌亂忐忑之間載浮載沉。

《量子糾纏的雨季》這本書，我想談的是「下半生」的潛意識與心理挑戰。當我們開始思考「退休」這個詞，就應該同步理解「心理發展是貫穿人們整個生命」的中軸線。前半生如同陽光的晨曦漸漸走到日正當中，那裡是頂點，沸沸揚揚，赫赫炎炎。當「意識到」太陽開始下降，陽光漸漸柔和，不再那麼炙熱，這是「下半生」的開始。走著走著，在這一段下坡路，偶而會啟發了「退休」念頭。此時，人們自然會遠眺生命的終點，興起「為死亡做準備」的意識，會架構「對不同年紀，生命期待是不同」的藍圖。

我試圖將《量子糾纏的雨季》與之前的「聰明慢老」系列四書，組合成為「下半生的參考書」。我以為，把凝視死亡當是勇敢，建立豁達與樂天知命的態度，將更容易明白「退休，正是一個人生命之旅的開始」、「下半生，才是起承轉合的關鍵結構」。

中年後領悟，生命的雨季才會有了新意義

年輕時，沒有傘冒雨回家，卻是安步而行，那是帥氣。
與愛情分手，轉身後如果雨勢滂沱，全身濕透，那是悲壯。
軍人長征行軍，風雨如晦，臉上滿是雨水，那是堅毅。
策馬江湖，中年因雨困在半途，不著村不著店，那是無奈。
老年夜雨不斷，天寒難寐，那是蒼涼。

生命中，總不免遇上幾場漫漫長雨，風蕭雨晦的淅淅瀝瀝，連綿幾天似乎沒有停歇，偶而大雨如注，偶而小雨簌簌，小日常被困住了，哪裡也不能去，啥事也不能做。無絕期的雨天，濕氣偏重，氣壓偏低，衣物偏潮，屋內角落似乎可以長出菇類了……那是雨季的特徵。然而，許多作家的作品喜歡「雨季」的象徵，三毛《雨季不再來》、王浩威《獻給雨季的歌》、楚影《雨季想你在我的墨色》、禾子央《把你藏在雨季》、大衛・希門內斯（David Jimenez）《雨季的孩子》等等。南亞地區的三大季節：熱季、雨季、涼季。然而，在文學裡下個沒完的雨天有許多意涵：有苦悶的不出走；有一片蛙鳴的等待；有困頓的滂沱步履；也有生命適合換場的中場時間。我呢？

我的「雨季」定義呢？把「失敗履歷表」裡那些不想回憶的「一段錯愕歲月」，當是一場一場雨季裡的泥濘。到了中年後的面對，自覺與爬梳，發現了那些凜清的生命雨季有了新意義，殘餘的情緒也有了新領悟，好像多日的雨水灌注之後，滿園的草木得以煥然新綠，像是春風又綠江南岸的盎然。

唐朝著名詩人皎然禪師，有一首〈山雨〉，那是淡定與曠遠：

一片雨，山半晴。
長風吹落西山上，滿樹蕭蕭心耳清。
雲鶴驚亂下，水香凝不然。
風回雨定芭蕉濕，一滴時時入晝禪。

風回，雨定，鶴閒，雲散。過去的日子，是山雨或是雨季，雨過後的天青。皎然禪師說，整個下雨過程總是令人回歸閒淡。我的手機有一記錄、偵測睡眠品質的 App ShutEye，其中有幫助入眠的「白噪音」欄目，列有篝火、海浪、排氣扇、時鐘、笛子、鍵盤、海鷗、風鈴、樹葉沙沙作響等等，至於跟雨聲有關的有：下雨、簷下聽雨、雨打芭蕉、細雨綿綿、叢林小雨、露營雨趣，甚至有淋浴聲音。

我所選擇的是下雨聲，我想，如果 App ShutEye 有更細的分類，歐陽脩的「柳外輕雷池上雨，雨聲滴碎荷聲」應該最佳。跟著宋詞去聽雨，那些細雨、微雨、煙雨、碎雨、疏雨可以幫助入眠。獨眠，可能更好。

至於那些亂雨、飛雨、驟雨、急雨、密雨，雨聲節奏，如同「蕙花老盡離騷句。綠染遍、江頭樹。日午酒消聽驟雨」，我以為此時此刻不眠，獨醒，佐著咖啡隔窗看雨，梳理人生過往的霖雨時分，或是霈雨季節，在雨聲中思考，這會是個走馬回憶的好時光。或許，中年後，雨季此刻，重新校正自己在宇宙的新座標，那將是一場好雨啊。

用「如同祂們都在」禱告，至少你的靈魂，祂會傾聽！

書寫這本《量子糾纏的雨季》，不知不覺先寫了外婆小傳，接著又寫了母親的一生，有時悲傷難免，揪心低迴。諮商心理師總說：「允許悲傷，是對自己最大的溫柔。」他們也說悲傷難過，沒有固定流程。

其實書寫母親的大小事，我本來是抗拒的，因為一旦動筆，總擔心自己的情緒氾濫成災。直到轉念「母親在教我死亡這堂課」，我才努力從記憶抽屜裡翻箱倒櫃，試圖組成一軸動人卻沉重的山水圖。

我終於與外婆、母親思緒同步，她們老年時的思緒與潛意識。我也能綜合那些老詩人的種種況味：

壯心依舊的曹操：老驥伏櫪，志在千里；烈士暮年，壯心不已。

傷感老態的錢惟：情懷漸覺誠衰晚，鸞鏡朱顏驚暗換。

寧靜致遠的杜甫：名豈文章著？官應老病休。飄飄何所似？天地一沙鷗。

淡泊自適的白居易：白頭老人照鏡時，掩鏡沉吟吟舊詩。

怡然的洪適：舊日盤洲，藏鉤卜夜，松兒笑揀雙眉。老人好靜，此樂數年稀。

俊朗莞爾的蘇東坡：黃口小兒莫相笑，老人舊日曾年少。

然而我有一些同齡的友人，他們問我該憂慮病老？還是死亡？我覺得，他們應該問的是「我該如何富養自己？」答案是：在尋常的日子裡思考、讀書與獨處。

老年的思考是勞動練習，挖掘自己潛意識的深井，重新認識自己。可以先閱讀他人一生、喜怒愛樂、悲歡離合，那是釐清他人一生的路徑，看得多則有了大數據。懂得什麼是心情？什麼是狀態？再以逆向工程，從結果找原因，找出自己的潛意識有什麼？那是老年思考的收穫之一。

猶太人說，四項報酬最高的投資，其中最重要的是讀書，理由是「去別人的靈魂裡偷窺」。清初文學家張潮在《幽夢影》中寫道：「少年讀書如隙中窺月；中年讀書，如庭中望月；老年讀書，如臺上玩月。皆以閱歷之淺深，為所得之淺深耳。」林語堂說《幽夢影》是「文人的格言」，周作人則說「那樣的舊，又是那樣的新」。

讀書有三個階段，人生有三層境界。「老年讀書」的境界，那是高級享受，不要白白浪費。如同坐在庭院石台上，心神寧靜。這個時候不僅可以望月、賞月，還能在心裡玩味著皎潔月光。人生行至暮年，再去讀書，不僅對書中內容了然於心，還能以把玩的心態享受其中，好像觀賞一部好電影，現在已經不僅是欣賞演員的表演，而是窺探導演的內心世界了。

關於獨處，尼采（Friedrich Nietzsche）說：「我需要孤獨，也就是說，需要康復，回到我自己，呼吸自由、輕快、活潑的空氣。」年輕作家許瞳說：「獨處之於生命的意義，就是覺察自己，聆聽自己的內在小孩，在對自己說什麼。」張愛玲則說：「在沒有人與人交接的場合，我充滿了生命的歡悅。」……他們都是孤獨萬歲的人。

我說，人生的晡光與暮光時間，最是適合「自己富養自己」的重要時間，清澄透澈，活得更像自己。

目錄

1 三更夜雨，又得浮生一日涼

好友王文華傳來簡訊。與他許久沒有見面了，自忖有七年多了吧，他的動態偶而從臉書上得來。簡訊往來，我們簡單寒暄，文華說：「看了《暖綠之旅》，赫然發現我們同一天出書。想寄給你簽名，也送上我的新書。請問哪個地址方便？」

王文華的新書《黏土愛積木：AI時代，人類如何勝出》，這是一本新時代企業與個人在職場的管理書，但是，我看著看著竟然把它看成了「中年後，人生自我盤點的好方法」。中年後有些時候，啜飲一杯假日咖啡，我們會靜下來開始思考「如何創造雋永的夕陽人生」。隨著自我提醒，「中年後的渴望」有了隱約藍圖，但是「怎麼做？」往往空白模糊，甚至不得其門。什麼是「雋永」?意義深長而耐人尋味。《漢典》解釋:形容藝術形式所表達的思想感情,深沉幽遠,意味深長,引人入勝,猶如餘音繞梁,三日不絕。我竟然在《黏土愛積木》看到生命靈感與昇華答案,盤點人生,甚至看到「雋永生命」的可能。

閱畢,我將此書放上書架時,將它歸類在凱思林.辛(Kathleen Singh)《當我老去》、小野《走路.回家》、中村恆子《日日靜好》、《橫尾忠則X九位經典創作者的生命對話》、森下典子《日日有好事》、《達賴新經》、田定豐《讓靈魂活出更好的日子》、金恩.洛格斯頓(Gene Logsdon)《農夫哲學》等書的旁邊……他們都在說生活、生命與靈魂。

寫過暢銷小說《蛋白質女孩》的王文華,在書中自述:「黏孩子的爸爸。孩子上學時,做『夢想學校』、網路媒體《創新拿鐵》,詮釋如何將企業創新,用在個人工作。」

書裡第一個撞擊我的論述是「每個人都應該準備兩份履歷表」,其中一份是「失敗版履歷表」。過去,我們應徵工作所準備的履歷表,多是說說(或是誇大陳列)我曾經做過哪些可以說嘴的大小事。中年後,面對餘命人生,我們可以忠實說出自己的「失敗版履歷」嗎?

中年後，每個人都應該準備兩份履歷表

宋徽宗的建中靖國元年（一一〇一）年，垂垂老矣的蘇東坡在儋州（海南島）得到特赦，可以北返中土。

話說他在海南島儋州三年，這裡比黃州、惠州環境更加險惡。當年他貶至儋州，幾乎等於判了死刑。在給朋友的信中他這麼說：「這次去估計回不來了，我的第一件事就是準備棺木，第二件事就是選擇墓地。」蘇東坡抱著必死之心，而海南就是他的「死地」。他還說，在海南食無肉、病無藥、居無室、出無友，而且吃不上飯，大米尚須透過船飄洋過海運來，它就跟珍珠一樣珍貴。

得到特赦之際，蘇東坡已經過了花甲之年。幾個月後，渡海到了雷州半島，一路北上，堪堪慢慢前往江南常州。當路過金山寺，他看到了當年好友李公麟為他所繪的畫像，容顏落差，往事如煙。他留下一首詩，這是他生命的最後兩個月的創作，像極了「失敗版履歷」。〈自題金山畫像詩〉詩作，文意不若過往清新豪健，開端便說自己心如死灰，

這跟他一向曠達豪爽的個性截然不同，多了心死之哀。蘇東坡說，如果要論我一生成就，就這三個地方：黃州、惠州、儋州，都是我被貶謫的人生低谷之地：

心似已灰之木，身如不繫之舟。
問汝平生功業，黃州惠州儋州。

這首詩是蘇東坡經歷多年謫居、多次放逐生涯後，為自己所做的一生總結，充滿自嘲，更多的是，對身世的無限喟嘆。年輕以來，我每每閱讀此詩總感概萬千。直到近年，也是花甲後的我讀懂了「已灰之木」、「不繫之舟」，這二辭來自《莊子》典故。直到三年前，鑽研《莊子》，我才瞿然懂得蘇東坡在這份履歷表裡所隱藏的豁達心志，這三處貶謫地方，塑造了他、成就了他、完整了他。

原來「失敗履歷表」有這般威力。

「已灰之木」來自《莊子・內篇・齊物論》：

南郭子綦隱几而坐，仰天而噓，荅焉似喪其耦。顏成子游立侍乎前，曰：「何居乎？形固可使如槁木，而心固可使如死灰乎？今之隱几者，非昔之隱几者也？」子綦曰：「偃，不亦善乎，而問之也！今者吾喪我，女（汝）知之乎？女（汝）聞人籟而未聞地籟，女（汝）聞地籟而未聞天籟夫！」

譯文：南郭子綦靠著桌几坐著，抬頭緩緩吐氣，神情漠然好像忘了自己。顏成子遊侍立在旁，請教他說：「這是怎麼一回事？形體固然可以讓它如同槁木，難道心神也可以讓它如同死灰嗎？您今天靠桌而坐的神情，與從前靠桌而坐的神情不一樣啊！」南郭子綦說：「偃，你問得正好！今天我坐著坐著，竟然坐到忘了自己。你知道嗎？聽說過人籟，卻不曾聽說過地籟；即使聽說過地籟，也沒有聽說過天籟吧！」

莊子以為人生要追求的境界是「形如槁木，心如死灰」，沒有歡喜與厭惡，沒有恐怖與哀懼，只有喪失了「我」，才能突破「我」，近入「無我」的境界。簡單地說，就是把自己完全融入到天地大道之中。我以為，那就是「每一個忘我的當下！」

「不繫之舟」來自《莊子・雜篇・列禦寇》：

巧者勞而智者憂，無能者無所求，飽食而遨遊，泛若不繫之舟，虛而遨遊者也。

譯文：巧思的人，往往勞務纏身；聰明的人，常常憂慮掛心；反而是沒什麼能力的人，相對沒有過多欲求，也沒有過多被賦予的責任，吃飽了飯，便輕輕鬆鬆四處遨遊，如同沒有繫上繩子的小船，自由自在漂來盪去。因為船身中空，才能這樣在水上漂流啊。「虛」是關鍵字。

不繫之舟就是沒有繩子繫著的小船，意思就是自在飄搖、沒有依靠。但是另一個解釋，卻是很自己，可以駛向無限遠方的自由。細數人生種種，真有永恆的依靠嗎？真有長青的基業嗎？真有絕對穩定的關係嗎？真有不死的肉體？內在的「虛」，莊子喜歡說「虛靜無為」，他說：「夫虛，靜恬淡寂寞無為者，天地之本，而道德之至，故帝王聖人休焉。休則虛，虛則實，實者備矣。虛則靜，靜則動……。」我以為，懂得欣賞「缺陷」也是一種美，那麼生活就能無入而不自得了。

蘇東坡自問：「這一生，我的功業是什麼？」他以「失敗履歷表」當是答案。人生嘛，好像什麼風景都看過了，那麼活著的意義是什麼？這些過去的「失敗」經歷就是「活著」的價值，蘇東坡看到昔日風姿綽約的畫像時，也看到超乎世俗成就的經歷：黃州、惠州、儋州，那些不可替代的生命經驗，就是精采而發人深省的履歷表。

如今，我重新讀過蘇東坡的〈自題金山畫像詩〉，終於懂得字裡行間「不是含混晦澀的慷慨悲歌」，而是更高境界的豁達與自由自在，外觀形體是「形如槁木」，那心靈呢？「心如死灰」。

二〇二三年小夏，我在都蘭山下的書房創建完成，一爿小屋隱身苦楝樹林，清風從樹間吹入書房。屢屢想著該為它取著名字，什麼館、什麼屋、什麼居、什麼廬？符合我的老派作風，隱晦中又能張揚「我的失敗版履歷表」的「低調的驕傲」？

走筆自此，剛好是二〇二四年節氣春分。今年立春無雨、驚蟄無雨、雨水也是無雨，台東已經旱了五個多月，院子的草木因為屢屢勉強澆水，雖然枝葉稀疏，但樹梢的苦楝薄紫色的小花，已經花香四溢。

我想書房就稱為「苦花齋」吧！它有我的嘉義、台北、台南三地的青春歲月負笈成長過程，跌跌撞撞的求學鐫刻；它有我的初戀、苦戀與失敗婚姻三個階段的體驗；它有我年輕時跌宕職場的奮鬥、掙扎與飛揚，更有「為人父，孩子成長期的缺席」遺憾。

苦花，也是台灣淡水魚，棲息於河川上游水質冷而清澈的水域，但對環境的適應力強。童年時，我在家鄉的野溪看過牠，也吃過牠，個頭不大，魚體為銀白色，背部為蒼黑色，魚鱗為軟性膠質。體型流線，尾鰭有力，在險惡的地形與激流裡活躍自如。我的「苦花齋」隱藏遠意，時時提醒自己的閃光、曖光與無光。嗯，我想書房旁的小水池，漏水的問題排除後，應該試著養幾隻苦花。

昨夜三更雨，又得浮生一日涼

王文華寄來的書，我署名後回寄感謝他。也附上去年所出版《原來如此》一書回贈，我簽寫著「雨潤，春山外」，有著生機處處的祝福、共勉。意思是「立春、雨水、驚蟄之後，青山春意處處，祝君平安」。

關於蘇東坡的處世啟發，我意猶未盡。想起在黃州的蘇東坡已經三年，初時心情慘淡，此時他的人生觀有了豁達轉折，我想這應該是「步子亂了又如何？繼續跳下去就好」的態度，蘇東坡至此多了隨遇而安的思想。這首〈鷓鴣天〉：

林斷山明竹隱牆，亂蟬衰草小池塘。
翻空白鳥時時見，照水紅蕖細細香。
村舍外，古城旁，杖藜徐步轉斜陽。
殷勤昨夜三更雨，又得浮生一日涼。

上段譯文：遠處是鬱鬱蔥蔥的樹林盡頭，有聳立的高山。近處，則有竹林圍繞的屋舍，旁有長滿衰草的小池塘，蟬聲嘹亮紛亂。空中不時有白鳥飛過，塘中紅色的荷花散發幽香。

下段譯文：走入鄉野外，古城牆的近旁，我手拄藜杖慢步徘徊，轉瞬已是夕陽。昨夜三更，殷殷勤勤地降下了一場雨，不燠不溽，空氣沁涼。這個天氣啊，今天能使漂泊不定的人，享受一日的爽心清涼。

蘇東坡的體悟是，能限制你的，永遠是自己的心。我把它理解成「一切力量皆來自於內在」。

困厄中的蘇東坡，在晚年面對三次失敗，沉澱的日子裡，他總能在源自每人本來就擁有的內在世界，學得去了解、去掌控、去運用內在力量。載以精確的人生原則去主動踐履，然後不斷地發現自己、運用自己、改變自己。

夏末秋初，熱氣未消的季節，蘇東坡說這場夜雨，在深睡的三更下得淅瀝淅瀝，早上只覺得翠竹叢生，鳴蟬四起，紅蕖照水，清涼有餘。

詩裡，他前後寫出描寫出林、山、竹、牆、蟬、草、池塘七種景色，非常有畫面感。話說夏末溽熱依舊，然而深夜有雨，白日天涼，心情真是舒暢啊。這首詩，說明著蘇東坡貶謫到了黃州已經三年，他的心情有轉折了，也超越了。這一路的困蹇，他自適地看待自己的悲慘，豁達地啟動內心發動機，重新興致盎然看待人生。我以為，每一個人的生命，總有或多或少的缺口，如同月亮的陰晴圓缺，失敗履歷表是月缺，光鮮履歷表是月圓。圓缺就是人生，懂了，糾葛就淡然，更明白歲月了。

《我的完美日常》：會獨自享受，也慶祝辛勤工作的一天

看完電影《我的完美日常》（*Perfect Days*），消化久久，得有一個小結論：這真是一部「中年之後，每天嚷嚷要退休的人，必看的經典」。如果觀賞完畢，心有戚戚焉，甚至共鳴於影片結束之際，男主角獨自駕車前往工作的途中，當〈Feeling Good〉歌聲音樂響起，透過樹影搖曳，看著擋風玻璃裡的他，滄桑大叔悲喜交織的表情，這一秒露出笑容、下一秒卻眼眶泛紅。

如果，你有一種難以言喻「人生，我懂得了」，那你真的可以「百分之百放心退休」了，而不是「僅是說說，但又害怕退休，盡是躊躇」。我建議，諮商心理師應該跟那些「說要退休的人」談談這部電影，聽聽他們的觀後感……。

這部電影，讓男主角役所廣司獲得坎城影帝，也是第四度獲得日本電影學院和第十七屆亞洲電影大獎的最佳男主角獎，影片甚至入圍奧斯卡金像獎最佳國際電影獎項。當役所廣司接受雜誌專訪，他說道：「抬頭看看天空，用力深呼吸！知足珍惜每一刻不會重複的時間。」

他為何這麼說？

《我的完美日常》由德國導演文．溫德斯（Wim Wenders）執導，劇本由文．溫德斯和高崎卓馬共同完成。這部電影，描述役所廣司飾演一位東京澀谷的公廁清潔工「平山先生」，如何在看似一成不變的日常中，透過老搖滾音樂、透過睡前閱讀、透過底片攝影、透過人與人擦肩的關懷，察覺生活的小細節，察覺微小卻令人感到溫暖的美感。

我喜歡電影元素充滿類比時代的生活：舊式卡帶、老派搖滾、澡堂洗澡、到小館子用餐、使用 Olympus 底片相機並在周末時拿去熟悉的沖印店、睡前拿著書本開卷、睏意來了就熄燈……戰後嬰兒潮的資深國民都經歷過的日常，我也是。

午餐時間，鏡頭轉向天空，鏡頭裡盡是樹葉飄動、樹枝搖曳，沙沙作響。平山先生每天的中途休息時間，會在神社廣場吃三明治，帶有儀式感的休息時間，他懂得自我「慶祝辛勤工作的一天」。期間，不厭其煩舉著相機，拍下從樹木林間流瀉的光影，這個光影日語稱之「木漏れ日」，意思是「從樹葉罅隙灑進來的陽光」。如果你是宮崎駿、新海誠的影迷，一定可以在他們的作品裡屢屢看到這種光影。

《我的完美日常》最後畫面是「平山先生」的表情特寫，令人印象深刻，背景〈Feeling Good〉歌聲，歌詞有高飛的小鳥、藍天的陽光、微風徐徐而過、新的曙光與新的一天……這樣的日常，我感覺很好……。我以為，如果你也喜歡這部電影，可以「預言」退休生活一定懂得「活著的意義」是什麼，也明白過去的經歷就是活著的價值，身邊的細節就是感恩。

Birds flying high, you know how I feel.
Sun in the sky, you know how I feel.
Breeze driftin' on by, you know how I feel.
It's a new dawn. It's a new day.
It's a new life for me. I'm feeling good.

從「木漏れ日」到「斑光」，我的幸福時光

「木漏れ日」，漢字稱之「斑光」，陽光穿透了層層綠葉的孔隙，在林蔭底層，形成斑斑點點的光圈，大大小小、斑駁的、圓圓的光影投射在地上，交疊之處，有淡影、灰影、深影與亮點的交錯，令人安靜祥和的畫面。

一陣風來，斑光隨之晃動變換，卻滿是溫柔與饒富平靜的詩意。我想，如果能這樣地觀看，可以讓每一個轉側不安的靈魂，覺得世界還可以變得更好。

二〇二三年八月二十八日，我在臉書寫下〈在斑光下，讀《靜・京都》〉：

我以為只要一次，一次就好，深情款款凝視過京都，每一個人都會是作家、詩人。多年前，與女兒兩人暢遊京都，回家後一直想要寫下那座古都的氣質、和女兒同遊的心情……當然，我沒有動筆。

之後，看過太多作者、遊人所感動的京都之行，總是覺得他們文字寫得好，但不是我所眷戀的那種「內心的靜謐」韻味。

閱讀有鹿出版的《靜・京都》，字句中，有深深的療癒性，是大人旅行的況味。咀嚼字裡行間，我才恍然，當年旅行時的美好，原來這就是那種感覺。

大叔作者柏井壽筆下的京都歷史散步，原來最幽微的感受，就是輕柔靜雅。今天，我坐在樹下，享受新海誠《你的名字》畫面裡的斑光，也在開卷書本裡，嗅聞濃濃郁郁穿透而出的澹泊生活氣味。

臉書裡，附上幾張照片，是我把書本置放在苦楝樹林下的點點斑斑，那個深淺不一斑光與書封融為一種溫潤美感。《靜・京都》是我的二〇二三年「幸福清單」之一，而《我的完美日常》則已經入選我的二〇二四年「幸福清單」。

至於明年三月，我「預言」二〇二五年的「幸福十大清單」有一項是，前年手植的幾株黃花風鈴木，猜想在書房窗外應該滿樹金黃燦爛。

話說這株風鈴木，我從細長型蒴果取出有翅的輕薄種子培育，栽下幾個月毫無動靜，日子過著過著我也忘了此事。一天發現培養盆裡長出兩片怪怪「凹字型」子葉的小苗，不認識它，以為是飛來的野草籽發芽。僅是拍下照片，好奇，但不理會。

幾天後，本葉接著萌生，我認識這個葉形！真好，確定它是本尊了。半個月的時間，逐漸長成十五公分高小苗，移植到院子裡每天進出的通道上，想像未來它能怒放一樹金黃。從勤加呵護，它們以整年時間漸漸拉高成小樹。這一年來，灌溉防風，記錄每月樹高。從種下美好開始，看著葉芽萌發，枝葉茂盛已有架勢。這整個植樹過程，盼著它們長高、開花，種樹蒔花，這是大叔的自樂自嗨。

我正在學習「殷勤昨夜三更雨，又得浮生一日涼」況味，體會退休生活的自樂安適，如同看著小貓晝寢，曲捲成團，天下太平。

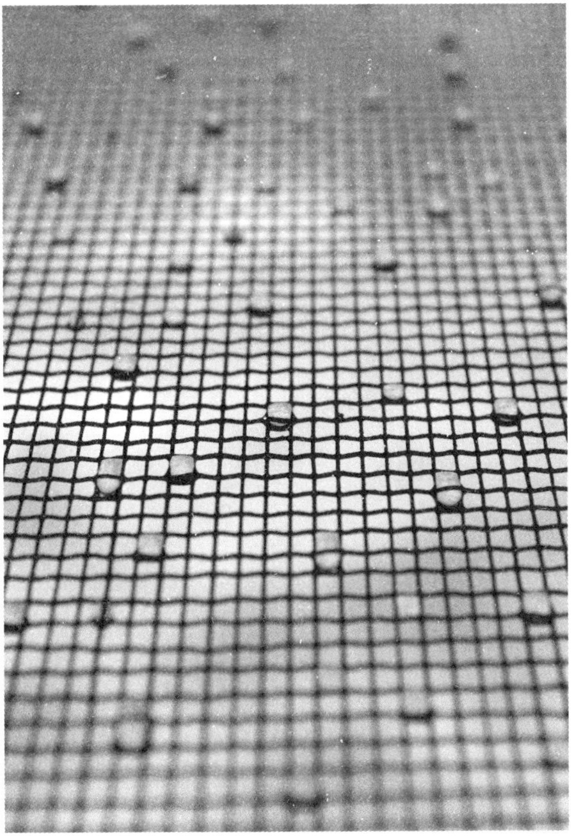

2 從芭蕉雨到芭蕉道的莊子學習

二〇二四年五月十二日，媒體報導「《老公怎麼還不去死》全台圖書館逾千人排隊借閱」，書名聳動，是日本作家小林美希二〇一六年的作品，日文書名直譯為「希望自己的丈夫死掉的妻子們」，中國簡體版書名則是《有恨意但不離婚的妻子們》。

這一則新聞先吸引我的，是「圖書館排隊大熱門」標題，那是「誇張、壯觀」的等待借閱人數，我笑著想到：「哦，還有人看書？」根據中央社撰文，「今天六都的市立圖書館官網統計數據顯示」：

台北市立圖書館有七七一人預約等待本書；新北市立圖書館八十人；桃園市立圖書館

一六〇人；台中市立圖書館五二〇人；台南市立圖書館五五九人；高雄市立圖書館則有二八三人。六都市民合計共有二三七三人等著看這本書。而且經過媒體報導後，更多人加入登記，大排長龍。

這個數字，就是大數據。如小林美希所言，她在日本實地調查現況之後，反思、提出犀利拷問：如生產、家事、育兒的壓力都得獨自面對，自問：「咦？我沒有老公嗎？」老公未盡伴侶家人之責，懷疑「為何，他認為能坐享『為人夫』的尊重？」以及思索著：「那麼痛苦幹嘛不離婚？」

小林美希的提問，是全球的婚姻與兩性關係問題，也引發各地讀者共鳴，光是書名就引爆台灣人妻們的怒氣，甚至有人買了書，大方地放在床頭櫃「心情展示」，也對老公引發「震懾效果」。書封的微妙設計概念，底色是炭灰，書名的字體「模仿握著短刀恨意十足地刻畫在牆上」，八個血紅色大字配著幾滴紅血滴，書本副標說著「家事育兒全放棄還要人服侍？！來自絕望妻子們的深層怒吼」。戲劇性效果很強！

同時間在台灣書市，兩性關係光譜的另一端，諾貝爾文學獎得主艾莉絲．孟若（Alice Munro），近作《相愛或是相守》熱賣中。書評說：「刻畫女性的心境更為洗鍊、幽微、充滿靈光。孟若時而穿梭在她們的童年、少女時代、白髮蒼蒼的時期，讓她們的人生矛盾、困境以及欲望逐一顯現，最後變得極具張力，在篇幅有限的短篇，彷彿能體驗她們一輩子的生老病死。」

一邊是詛咒早死，一邊是相愛與相守，退休後的人生大考試，有時比想像中嚴峻，你真的需要兵法，或是莊子思考。對！我說的就是你，那位大叔！

日本保險公司田調：下輩子還要做夫妻？

新聞報導《老公怎麼還不去死》後，引發市井議論，社會學者發表言論，談論的重點不是老婆，而是老公怎麼了？荒野保護協會發起人之一、也是作家的李偉文，在臉書上並列兩本書：《老公怎麼還不去死》與《李偉文的退休進行式 2：50＋的自在活，健康老》，危機感十足的他，諄諄說著：「親愛的男性同胞們，小心一退休就被老婆給拋棄了，男人當自強啊！」

這幾年，我只要碰到即將退休的老朋友，都會私底下提醒他們，為了老後的生活，一定要對老婆好一點，除了我們有很大的機率在遭遇身體病痛時，必須依賴她們照顧之外，女生的生活與社交能力遠遠勝過男生，因此當男生少了職場的光環及祕書的打點，很快就會變成生活的低能兒，沒有老婆幫忙也許會寸步難行。

這也是我與眾多作家朋友們閒聊時，大家說到講座活動時的性別差異，屢屢感慨。聽眾坐席上多是熱情滿滿的女性，說八十二十比例，百分之二十是男性，其實還是高估了男性。奇怪，追求「成長、學習、新知識」的男性哪裡去了？有時，我都覺得男性出席率這麼低落，這已是「國安問題」。

記得阿媽說過，男人到退休階段「查甫會變成查某」。我的觀察，過去職場光環愈高的人，退休之後「一無是處」嚴重等級愈高。這個道理指出，那些男性或許能率領百萬雄兵，但是生活能力卻是低能，最終他們會退縮成「家裡無用的家具」或是「沙發上的馬鈴薯」。李偉文說道：「身邊有些已有覺悟的好朋友，即便在商場上是叱吒風雲的梟雄，但是放假跟著老婆出遊時，絕對變成小男人，對老婆是百依百順，甚至我們會彼此打趣，我們都是拉著老婆衣角出門旅行的小男人。」

許多社會問卷調查，其數據往往會顯示真相。其中有旅行社對即將退休的上班族問：「退休後最想做什麼事？」絕大多數人都興致滿滿寫下「旅行！」然後再問：「最想跟誰去旅行？」男生幾乎都回答：「跟太太。」女生卻一面倒地寫：「跟朋友！」就是閨蜜啦。

二〇一八年，日本有個民調「下輩子還要做夫妻？」進行民調的是「日本明治安田生命保險」，訪問了一六二〇位已婚男女，先問：「是否滿意現在的婚姻關係？」多達七十五・三%受訪者都回答「滿意」，再問：「下輩子，繼續與現任的伴侶再續前緣？」意思是，再當一輩子夫妻時？答案只剩四十二・六%回答「願意」。

有趣的是，老公說願意的是五十一・六%，老婆說願意的是十二・八%，雙方認知差異甚大。哈哈，「傻傻的」男人將來會怎麼死，他根本搞不清楚。

進行到負面表列，當被問到是否對另一半有不滿時，多達四十七%的丈夫都回答「並沒有對妻子不滿」，但僅有二十四%的妻子回答「並沒有對丈夫不滿」。

接著問：「導致夫妻關係失和的主要原因？」太太前三名的答案分別是「另一半頭腦不夠靈光，不會看臉色」、「另一半不會整理收拾、不愛清潔」、「另一半不幫忙分擔家務」。一切都是說明「退休後的老公，是回來亂的」！

這個是不是與《老公怎麼還不去死》作者的田調論述一樣？只是現代的女性更火大了。

難怪，著名作家廖玉蕙的臉書一則，「得意地、尊敬地、感恩地」說她先生退休那日，對她說：「以前上班，你以熱騰騰的飯菜迎接我，如今我退休了，明天開始，換我以熱騰騰的飯菜迎接你。」她的先生進一步說道：「我一向口拙，不善以言詞表達愛，只能以行動展現。其後，我履行承諾，從買菜、做飯、切水果到洗碗、洗衣、晾衣，我自稱『家政夫』」。

「自我升級」兵法：夫妻感情好，卻宣布離婚？

二〇二一年四月，日本著名時裝模特兒牧野紗彌宣布離婚。

夫妻感情沒有問題，牧野卻有一個大哉問：「我不想這輩子，都在演賢妻良母！」結婚十二年，三十七歲的牧野也是職業婦女，她是許多雜誌的模特兒。然而，她必須在家「扮演」賢妻良母，在外則要放棄她原本的姓氏，做為「丈夫家的媳婦」生活著。她希望進行「婚姻革命」，對日本婚姻制度進行「自我升級」。

牧野是三個小孩的媽，也是「性別平權」關注者，她深刻地察覺「性別平權」或許是新聞話題，但是行動上，大家都停留在昭和舊年代。推廣的人諄諄而談，聽的人則是藐藐其言，大家都說「理解」性別平權，但是言行不一，有想法沒有做法，於是她要進行家庭革命實驗。

不是感情不睦，但是她要離婚！

牧野說：「從小我媽就告訴我，女人註定一輩子就要當一個好演員。」她決定顛覆「為了家庭的和諧歡樂，都要忍下來，當一輩子稱職的好媽媽、好太太」。事件的導火線，是有一天她工作回家，發現家裡一團亂，她驚覺：「好媽媽的定義，應該要被重新書寫了。」

她與丈夫商量：「你要不要從下個星期開始，花一個星期的時間，把我每天在家裡做的事情，自己做做看？」丈夫剛開始面有難色，但在牧野的堅持下只好答應。結果，你知道的，老公終於認清「家庭主婦不是人幹的」，尤其是「蠟燭兩頭燒」的職業婦女。老公領悟：把家務全推給老婆是一件多不公平的事情，從此兩人開始分擔家事及育兒工作……。

牧野提出離婚，要改回她的原來姓氏，不再當「誰家的媳婦」。老公從隱隱不安到「想想只是姓氏改回之外，沒啥改變」，好像沒啥不妥。於是與十一歲、十歲以及六歲三個小孩，五口之家一起開了場家庭會議，也獲得孩子的認同，他們簽下離婚同意書。牧野「改回自己的原姓」，那是日本法律的定義關係，但是家人還是如往常保持原本婚姻的生活型態。

「離婚，但是同居」，這樣有改變嗎？結果全家共識是「家庭，是大家的，不再是媽媽一人孤軍奮鬥了」，牧野走出「丈夫家的媳婦」傳統壓力，開始做自己。這是一個新的出口。

老公除了閱讀《老公怎麼還不去死》，理解太太日復一日的痛苦，退休男是不是應該有一本《認真敷衍老婆的兵法》？我想從「芭蕉道」的理解，說說莊子的「六種思考」，或許在退休前，多了些想像與戒慎恐懼，或許對退休男「家庭生存法則」多些想法與覺悟。

男人，面臨退休，你要有危機感。老了，死亡並不是最害怕的事，家庭生活才是！

不要生氣或是失落，先理解一場「芭蕉雨」的意義

〈雨打芭蕉〉原是元代詩人關漢卿所做的詩歌：

風飄飄，雨瀟瀟，便做陳摶睡不著。
懊惱傷懷抱，撲簌簌淚點拋。
秋蟬兒噪罷寒蛩兒叫，淅零零細雨打芭蕉。

譯文：寒風飄飄，冷雨瀟瀟，這光景，就算是那位超能睡的陳摶也睡不著。懷著傷心說不完的煩惱和愁苦，淚水撲簌簌地像斷線珍珠飛拋濺出。秋蟬煩噪罷了，換蟋蟀又叫，漸漸瀝瀝的細雨，不停地輕打著芭蕉葉。

「雨打芭蕉」後來成了民間器樂曲，民國初期漸漸成了廣東音樂代表曲目，極富南方情趣，描述了夏日雨打芭蕉的淅瀝之聲，這番雨景有喜雨、苦雨、戀愛的情感。鶯歌陶瓷玻物館亦有「雨打芭蕉」作品，細頸寬深的花器，剔透釉色則有雨滴與蕉葉交織的美感，也是這般情境。

「雨打芭蕉」是文學中重要的抒情意象。中唐之後，美學由視覺延伸到聽覺，想想，走進煙雨迷濛的江南，隨時可見三兩株翠綠芭蕉佇立，輕風中油綠葉片微微晃搖，姿態優雅款款。於是詩人的欣賞與吟詠成了主流，有人整理出「雨打芭蕉」的作品數量，唐五代詩詞有二十六處，宋代則高達兩百一十七處，元明清時期的數量更多了，甚至「園林裡種上幾株芭蕉」成了時尚，「種蕉可以邀雨」則是美學的創作動機。

古人偏愛聽雨，「雨打芭蕉」是首選。宋朝陳隸說：「芭蕉聲裡催詩急。」他急著想在蕉雨聲中吟出一首作品，這是創作的衝動焦慮，也是有趣的自觀美感。《文心雕龍・明詩》說：「應物斯感，感物吟志。」雨打芭蕉引發了文人們豐富的感受，於是有了羈旅思鄉、閨怨相思、閒恬情趣的體現。

一場芭蕉雨，三種心思；一個退休男的問題，有三個家庭思緒。我們先來看看古人的一場「芭蕉雨」所折射出的三種心思，探討現代人「心的活動，尤其是退休男」：

雨打芭蕉，一種雨聲三種心思，為何？

◆之一——「羈旅思鄉」，說的是「小窗一夜芭蕉雨，倦客十年桑梓心」。

說說兩則代表作品，杜牧有家鄉之思，整夜難眠，寫下〈芭蕉〉寄情：

芭蕉為雨移，故向窗前種。憐渠點滴聲，留得歸鄉夢。夢遠莫歸鄉，覺來一翻動。

李清照經歷了國破家亡，一路往南逃亡，寄居江南，寫了〈醜奴兒〉。這位北方來的山東女詞人，聽不慣南方芭蕉雨，她以一夜滴滴答答落雨打在芭蕉葉上的「惱人噪音」，表達了羈旅之苦：

窗前誰種芭蕉樹，陰滿中庭。陰滿中庭。葉葉心心，舒捲有餘清。傷心枕上三更雨，點滴霖霪。點滴霖霪。愁損北人，不慣起來聽。

◆之二——「閨怨相思」，說的是「謝他窗外芭蕉雨，葉葉聲聲伴別離」。

先來說說：

只知眉上愁，不識愁來路；窗外有芭蕉，陣陣黃昏雨。

這是陸游的妾所作的詩，雨聲之間有淡淡相思意。至於北宋詞人万俟詠：

一聲聲，一更更。窗外芭蕉窗裡燈，此時無限情。夢難成，恨難平。不道愁人不喜聽，空階滴到明。

万俟詠早年屢試不第，幾次心灰，恰逢陰雨，徹夜難眠。芭蕉雨聲，永遠是藉口。

◆之三——「閒適情趣」，說的是「風回雨定芭蕉濕，一滴時時入晝禪」。

韓愈說：

升堂坐階新雨足，芭蕉葉大梔子肥。

宋朝李洪也有類似說法：

階前落葉無人掃，滿院芭蕉聽雨眠。

是誰睡不著？在枕上聽著雨聲呢？鄭板橋則是吟著他的觀察：

芭蕉葉葉為多情，一葉才舒一葉生。

芭蕉葉大，翠綠，卻是如此多情，一片綠葉才舒展，另一片綠葉又抽出。

一樣的雨打芭蕉，聽雨者卻是樣樣情，有糾葛、有惆悵，也有舒心。看過《老公怎麼還不去死》的你，要如何轉換心情？要如何自覺？被《老公怎麼還不去死》書名嚇到的你，要如何不要困在「家庭的恩怨」裡？要如何梳理「退休後的新人生觀」？一個生命的路徑，到此的十字路，左轉？右轉？還是繼續直直地前行？甚至選擇迴轉？明明是一件生命裡，自然會發生的「退休事」，卻會引發懸念？令人躊躇？不是說要睡到自然醒？

一八九七年出生的徐志摩，十八歲時奉父母命娶了張幼儀，二十五歲離婚。離婚後，轉換心情，一九二六年他到了英國劍橋大學，在國王學院旁聽了七個月，離開劍橋時他寫了〈再別康橋〉，特意向雲彩、金柳柔波、青草與星輝做告別。他解釋劍橋之前的他，原是一肚子顢頇，「我的眼睛是康橋教我睜的，我的求知慾是康橋給我撥動的，我的自我意識，是康橋給我胚胎的」。徐志摩談得是，你的 time zone「時間時區」到了，面臨退休後的時間時區。退休前搞懂它，才能起身改變。

咖啡樹種下三年，它即開花結果；皇冠龍舌蘭，種植十年才會開花；黑板樹三年內可以高達十公尺，朴樹三年內僅能長兩公尺，而五十年後黑板樹十五公尺，朴樹還是十公尺。這五十年期間如有颱風過境，黑板樹可能早已不知所蹤，朴樹卻還是屹立不搖。這個，就是「時間時區」，每個人都不同，早慧或是晚成，老偏執或是靈活年輕？孔子說他「四十不惑」；蘇東坡則是四十歲時的「烏臺詩案」，入獄被貶，對人生才曠達通透了起來；岳飛二十歲時已經殺敵無數，郭子儀六十歲時才奉召討伐……。

我家的院子，一株剛種下不久的芒果樹，才五十公分高，已經長了一顆金煌芒果。一旁已經種了八年愛文芒果樹，今年第一次開花結果，累累四十多顆高掛枝頭，套了袋防鳥防蟲，我頻頻探視它們生長狀況。

退休前，許多男性已多年在江湖滾過，廝殺盡瘁，表現精采或是平凡都不重要，此刻你應該檢查自己的時間時區了，調整職場與家庭的「時差」了。

第一個問題是，過去以來，你是怎麼對待「自己的家庭江湖」？是陌生？熟悉？現在階段的夫妻感情、親子關係，你是怎麼了解？你在乎退休後的家庭地位與存在感？有人說家富必有勤和儉、家安必有忍和讓、家和必有情和愛；家窮必有懶和惰、家敗必有暴和凶……對於真正的家況，你可能不知或不經意，沒有危機意識。退休後「你的家未來走向」，是沉淪？是興旺？是破碎？是安和？還是在抱怨與被抱怨中糊塗過日子？

如果隱隱不安，是時候該理解「莊子思考」了。

櫟木思考：不要被他人眼光綁架

好多中年後的朋友，他們或多或少開始關注《莊子》，其實南懷瑾也說：「有人陷入煩惱，我一般會建議他讀《莊子》。」這些朋友說「相見很晚」，意思是讀《莊子》之前，不知世界的博大，不知人生的通透。現在他們多了一些思維，說《莊子》是修身的祕笈，他們來回揣摩研讀，成了「中年後，如何不惑的鑰匙」。書裡面的故事，說了些禍福得失、是非榮辱，他們都說多有領悟。

《莊子．人間世》：

匠石之齊，至於曲轅，見櫟社樹，其大蔽數千牛，絜之百圍。其高，臨山十仞而後有枝。其可以為舟者旁十數。觀者如市，匠伯不顧。

有位叫「石」的匠人前往齊國，在祭祀土地神的廟社旁看見一棵巨大的櫟（讀音「利」）樹，非常壯觀，樹下可以遮蔽千頭牛，樹幹需要百人牽圍，它的木材可以造出十幾艘船。可是他正眼看都不看，繼續趕路。弟子好奇問道：「我跟著師傅您走南闖北，從沒見到這麼壯美的樹木，您卻沒有停下腳步，為何？」

師傅回說：「那不過是一棵閒散、沒什麼用的樹啊！」終極意思是就是「廢材」！這株櫟木做船肯定沉；做棺材很快就腐朽；用來做器具，很容易損壞；用來做屋門定會流脂而不合縫；如果做屋柱定會被蟲蛀。關鍵是，正是由於它是不成材的「壞木」，毫無用處，所以能長壽活到現今。

故事還沒結束。石師傅當夜夢見櫟樹來找他，千年櫟樹問道：「你是拿什麼來和我相比呢？」接著說：「你是拿我跟那些能長果實吃或能當木材，所謂有用的樹木相比嗎？」「你說說什麼是有用的樹呢？像是山楂、梨子、柑橘、柚子這些『果蓏之屬』？」「它們有什麼好？果實成熟，就被摘下、被剝削、被掠奪，它的大樹枝甚至被砍，小樹枝被拉拽。」

莊子談的是，這世上沒有絕對的得與失、好與壞、輸與贏，任何事情都有它的兩面，就像櫟樹的不成材，卻得以長壽；人因為平凡而保持安穩。文學用句「樗櫟」（讀音「書利」），樗與櫟都是木質粗鬆的木頭，雖大而無用，屬不成材之木，意思是「自謙無用的客氣話」。而「櫟散」，則是不為世用，懷才不遇的自我解嘲。

年輕時，我們總是追求做一個有本事、有影響力的人，甚至對自己的孩子也是「望子成龍，望女成鳳」，莊子的思考是：其實做一個沒有大用的平凡人，也是很快樂的事情。青壯年，我們倥傯於江湖，要有匠人的實用心思；退休時，應該覺悟千年櫟樹的哲學。在家庭的輸贏，跟在社會競爭的輸贏，不是同一件事。

河伯思考：自命不凡，是一個人最大的愚蠢

《莊子．秋水》有一則非常有名的河伯故事，文字很多，我們長話短說。話說秋天大雨，百川水流匯集黃河，只見波濤洶湧，淹沒了河心的沙洲，河面陡然變寬，連兩岸的牛馬

都看不清楚了。河伯「欣然自喜，以天下之美為盡在己」。得意洋洋的他隨著流水向東而去，邊走邊欣賞風景。河伯來到北海，駭然大驚，但見水天相連，無邊無際。河伯緩緩轉身，對著大海感慨地說：「野語有之曰：『聞道百，以為莫己若者。』」道理懂得多一點的人，便以為自己比誰都強，原來說得就是我啊！

接下來的文字很美，我們先看看北海怎麼向河伯說：

井蛙不可以語於海者，拘於虛也；夏蟲不可以語於冰者，篤於時也；曲士不可以語於道者，束於教也。今爾出於崖涘，觀於大海，乃知爾醜，爾將可與語大理矣。

譯文：對井底之蛙，不可能跟它形容大海的遼闊，因為它受到生活空間的限制；對只能存活在夏天的蟲子，你無法跟它們解釋天地冰凍的狀態，因為它受到壽命短促的限制；對偏執、曲見的人，你不能跟他們談論大道理，這是因為他們受限於教育和成長環境！如今你從河水的終端，看到大海的寬闊，了解了自己的鄙陋短見，現在可以跟你談論大道理了。

自命不凡，是一個人最大的愚蠢。過分高估自己而不自察的人，總有一天，現實會讓你狠狠看清自己。水因善下方成海，山不爭高自成峰，想要走得更遠更久，要學會謙卑、低調。退休人士，不要再話當年勇，回到家庭過日子，你已經不是「職場爺」了，而是「退休新鮮人」，菜鳥就是要謙卑、低調，所謂重新學習，就是「本分」！

鯤鵬思考：先蹲馬步，再有超越自我的響往

《莊子．逍遙遊》裡，莊子誇張地說：

北冥有魚，其名為鯤。鯤之大，不知其幾千里也。化而為鳥，其名為鵬。鵬之背，不知其幾千里也；怒而飛，其翼若垂天之雲。是鳥也，海運則將徙於南冥。南冥者，天池也。

譯文：在北方遙遠的國度有一個深不可測的大海，叫「北冥」，海中有一大魚叫作「鯤」。鯤的身軀廣大，大到不知有好幾千里。它在水中是「魚」，卻能夠變成一隻「鵬鳥」在

空中飛行。這隻大鵬鳥的背寬到不知有幾千里那麼長。它一但決定要起飛升空、翱翔天際，它所張開的雙翼就像空中兩片大飛雲那種氣勢。這隻北海的大鵬鳥的目標，是朝向天地極南的一端，叫「南冥」，那是一個在天涯海角深不可測的「天池」之處。

所謂〈逍遙遊〉篇章所說的「逍遙」，就是悠遊自得，自由自在。「逍遙遊」就是任運而作，自在解脫。

莊子在〈逍遙遊〉闡述的道理「所追求的人生處世的最高境界」，要達到這個境界就必須先要能「無待」，沒有憑藉外物、外力，全憑自性的能量，這也是「無住」哲學。只有忘卻物我的界限，達到無己、無功、無名的境界，無所依憑而遊於無窮，才是真正的「逍遙遊」。

重點不是「鯤鵬」有多大，而是講述「萬物皆有所待」。即使是大鵬鳥也是必須有所憑藉，像是水太淺了，是浮不起大舟的。莊子舉例：在地面窪洞中倒入一杯的茶水，如果放上一片小芥子，就可像船一樣行駛水面；但是這個小水窪，如果擺上一個空杯子，杯子就陷在泥濘的沙土裡，無法浮動。這是因為水的深度不足，而杯子太大的緣故。同樣，如果聚集的風不夠強大，也是無法承載大鵬的巨大翅膀。

甚至，能御風而行的列子，也是有所待。像是李白所言「大鵬一日同風起，扶搖直上九萬里」，大鵬鳥也必須經過長久的蓄勢，才飛得起來。十八歲的孔明，在南陽躬耕苦讀十年，研習兵法，這是蓄勢。二十七歲前的李白，在四川家鄉名山遊學，積累學問，這也是蓄勢。這是「待勢哲學」。

捷克裔法國籍作家米蘭・昆德拉（Milan Kundera）說：「生活就是一種永恆沉重的努力。」在他人看不到的角落默默蓄勢，在漫長的黑潮裡醞釀希望。當蓄勢有了一步一步增長、增高、增厚，他說：「站在不同位置會產生不同觀點。」所謂「拓寬心量」，就會增廣視野，個人成就是如此，家庭和諧也是如此。

不要看扁柴米油鹽的江湖，拓寬心量，你會看到退休後的逍遙遊。

鯈魚思考：走自己的路，看自己的風景

濠水是河名，在今天的安徽省鳳陽；「梁」是古人對橋的稱呼。有一天莊子與惠施在濠水橋上有一場辯論。《莊子．秋水》有文：

莊子與惠子遊於濠梁之上。莊子曰：「鯈魚出遊從容，是魚樂也。」惠子曰：「子非魚，安知魚之樂？」莊子曰：「子非我，安知我不知魚之樂？」惠子曰：「我非子，固不知子矣，子固非魚也，子之不知魚之樂全矣。」莊子曰：「請循其本。子曰『汝安知魚樂』云者，既已知吾知之而問我，我知之濠上也。」

莊子感嘆：「在橋下，鯈魚自在地游水，這就是魚的快樂啊！」

惠施卻說：「你不是魚，怎麼知道魚的快樂？」

莊子回說：「你又不是我，怎麼知道我不知道魚的快樂？」

惠施又說：「我不是你，固然不知你的快樂；你也不是魚，當然也不知道魚的快樂。」

莊子顯然輸了，辯說：「請回到原本的問題。你問『你如何知道魚快樂？』這句話，就表示你已明白我知道魚快樂後才問我的。至於鯈（讀音「仇」）魚的快樂，我是在濠水上，觀察觀察就知道了。」

他們倆在爭辯什麼？惠施最後做出了合理的歸納，導致莊子無法反駁。但是莊子耍賴，便提出了對於惠施第一句話「你怎知魚的快樂？」這句話說明你已知道我的知道，才會這麼問嘛，莊子改用這句話的第二種理解來進行詭辯。

這段關於「魚樂」的辯論，千年來依舊是各說各話。但是故事裡隱藏一個道理，就是惠施的概念「生活中很多人都有這樣一種錯覺，總覺得別人擁有的，是自己難以企及的幸福與歡樂」。如果以自己的立場，觀看別人的幸福，未必是表面那樣，我們無法去體驗他人的感受，也無須去羨慕，究竟幸福與否「如人飲水，冷暖自知」。不要勉強自己跟別人比高低，人生萬象，各有悲歡。惠施的觀點是「人啊，只能自知，不能他知」。他是邏輯的勝利者。

莊子呢？關於「知魚樂」，他是美學的勝利者。莊子在恬適的感情與知覺中，對於橋下的鯈魚有了美的關照，有了移情作用，所以說出「從容出游之樂」。

惠施的論述是站在世俗的邏輯，也是務實角度，「不要羨慕他人。走自己的路，看自己的風景，過好自己的小日子」。如果，你也像莊子能與魚兒共行，真切地感受到了「他人恬適的生活，自由快樂」，那就努力讓自己的退休日子也能「出游從容」！

刨丁思考：一把用智慧錘鍊出來的「無厚之刃」

成語「遊刃有餘」得自《莊子．養生主》，比喻對於事情能勝任愉快，從容而不費力。莊子在故事中，用牛的組織來比喻複雜的人際關係，要想在糾結難分的人情世故中不受傷害，得擁有一把用智慧錘鍊出來的「無厚之刃」。小小家庭，也是江湖，如何逍遙過好小日子，我們需要刨丁思考。

庖丁，一個名叫「丁」的廚師，他為文惠君宰牛，只見他手起刀落，既快又乾淨利落。原文很美：

手之所觸，肩之所倚，足之所履，膝之所踦，砉然嚮然，奏刀騞然，莫不中音。

解釋一下：分解牛體時手接觸的地方，肩靠著的地方，腳踩踏的地方，膝抵住的地方，都發出砉砉（讀音「貨」）的聲響，快速進刀時刷刷的聲音，無不像美妙的音樂旋律。

文惠君連聲誇讚，問他怎有此成就？庖丁放下刀子，說道：「我學藝分解牛體的時候，所見無非是一頭完整的牛隻。三年之後，就未曾再看到整體的牛了。當今，我只用心神去接觸，不必用眼睛去觀察。」原文「官知止而神欲行」，眼睛的官能似乎停了下來，而精神世界還在不停地運行。「我依照牛體天然的經絡結構、關節縫隙，從哪裡下刀、要多大的力氣，全部心中有數。」這一段故事是成語「目無全牛」的境界，比喻技藝純熟高超，更是比喻道的修養不受外形限制的境界。

庖丁接著說：「優秀的廚師一年更換一把刀，因為他們是在用刀割肉；普通的廚師一個月更換一把刀，因為他們是用刀在砍骨頭。如今我的刀已經使用十九年了，所宰殺的牛牲上千頭了，而刀刃鋒利跟新的一樣，彷彿剛從磨刀石上磨過。」

文惠君說：「善哉！吾聞庖丁之言，得養生焉。」妙啊，我聽了庖丁之一番話，從中得到養生之道理了。這裡所說的「養生」不單單是養生，而是廣義地認識生命運作、生活智慧的道理。

庖丁思考，乃是「以無厚入有間」（間讀音「件」）。意思是「用無厚的刀刃，插入有空隙的骨節和組合部位」的道理。所以有了「其於遊刃必有餘地」名句。我們都懂得凡事順水推舟，一日千里。人生有許多事，愈是較勁、愈是用力、愈是固執，對自己的傷害愈大。庖丁解牛，遊刃有餘，也暗藏熟能生巧。對於「退休生活」，要早早學得庖丁解牛的游刃有餘，那是迥異職場的江湖。你大概可以深刻理解，為何有人說「太努力工作的人都不值得信任」。

鵷鶵思考：真正地活出內心的淡定與從容

繼續說說莊子與惠施之間的故事。《莊子．秋水》說惠施在梁國（與秦國為鄰，位於秦東北方）做了宰相，莊子想要前去拜訪老友。有人急急向惠施報告：「莊子到梁國來，想要取代你做宰相。」聽完，惠子非常害怕，在國都搜捕他三天三夜。

莊子闖進宮中見他，說：

南方有鳥，其名為鵷鶵，子知之乎？夫鵷鶵發於南海而飛於北海；非梧桐不止，非練實不食，非醴泉不飲。於是鴟得腐鼠，鵷鶵過之，仰而視之曰：「嚇！」今子欲以子之梁國而嚇我邪？

譯文：「南方有一種鳥，牠的名字叫鵷鶵（讀音「淵除」，為古代傳說中像鳳凰一類的鳥，習性高潔），你聽過牠嗎？鵷鶵從南海起飛往北海去，它不是梧桐樹不棲息，不是竹子所結的籽不吃，不是甜美的泉水不喝。在這時，一隻貓頭鷹正津津有味吃著一隻腐臭的老鼠，恰好鵷鶵從它面前飛過，貓頭鷹仰頭看著牠，發出「嚇」怒斥聲。現在，你也想用你的梁國（相位）來威嚇我嗎？」

話說，曾有一次莊子在濮水垂釣，楚王派來兩位大臣，邀莊子前往擔任宰相。莊子說：「我聽說你們楚國有一隻神龜，已經死了三千年了，牠的龜甲還被拿來放在宗廟裡，做為占卜之用。請問你們，這隻神龜是願意送了性命、留下龜甲受人敬重？還是寧願活著、在爛泥裡打滾呢？」

使者回說：「牠一定是寧願活著在爛泥中打滾吧！」莊子說：「這就是了，兩位請回吧。吾將曳尾於塗中！」

莊子寧願做鵷鶵，以此鳥來比喻自己的驕傲與高度。想想大國楚的宰相都放棄的人，誰會在意小國梁的相位？

關於惠施的部分，這就叫做「以小人之心，度君子之腹」，他與莊子的哲學態度不同，他的境界顯得有限。有些人把自己的地位、成就、美名看得高於一切，緊抱不放，汲汲營營，就像貓頭鷹捧著死老鼠一樣，生怕有人來掠奪牠，戰戰兢兢，患得患失。鵷鶵思考，就是不要為名利忙，不要為物欲往。退休前，你應該思考準備追求精神上的超脫，目標是過得逍遙自在的生活。

丟掉貓頭鷹的成就與習性吧，退休生活，你用不到這些「職場自尊」的。

雪中芭蕉，生活中一定有新的可能

芭蕉雨，聽雨當下是何種心情？恬適、思念、煩躁？千年來詩詞有百般風情呈現，那些令人一讀再讀的作品，我們可以在文字中對應自己的心情，也在心情中找尋那一種芭蕉雨，標示著我們。

王維別出心裁，有一繪畫作品〈雪中芭蕉〉，他在大雪裡畫了一株翠綠芭蕉。結果成了千年來爭議最大的繪圖創意，大雪是北方寒地才有的，芭蕉則又是南方熱帶的植物，「一棵芭蕉如何能在大雪裡不死呢？」這就是歷來畫論所爭執的重心。剛開始有粉絲解圍說「只取遠神，不拘細節」，也有說「王維畫物，不問四時，桃杏蓉蓮，同畫一景」。意思是說，你們這些批評的人「懂什麼？這是創作者的個人風格，大驚小怪！」

千年來，更多粉絲加入爭論。有人說在廣西「親見雪中芭蕉，雪後亦不壞也」。意思是，下了一場雪，也不見芭蕉被壓壞了。更有福建人說：「閩中大雪，四山皓白，而芭蕉一株，橫映粉牆，盛開紅花，名美人蕉，乃知冒著雪花，蓋實境也。」

雨中的芭蕉大家都看過了，含有三種心思境界，而雪中芭蕉卻是另有深思。老子《道德經第二十八章》「知其白，守其黑，為天下式」，什麼意思？有人解釋為「比喻不自炫耀」；有人認為是「雖知光明的可貴，而寧以塵暗自守」；有人說，這是道家的辯證處世態度：「是非黑白，雖然明白，還當保持闇昧，如無所見」。

知白守黑，我以為白是「相」，黑則是「道」。雪中芭蕉畫面是「相」，而「不合生物邏輯的兩者同框」則如同我們修習的「默照」禪，這是人處世的大智慧，「如智者見水中月，如鏡中見其面像（菩薩像）」……這個，就是「道」。芭蕉道，如《維摩詰經》所言「是身如芭蕉，中無有堅」，芭蕉不像大樹有強健的纖維主幹，它只是由飽含汁液綠色葉片的組合，卻成就了另種「芭蕉堅」，以柔軟的葉片組成堅強地挺立，這是不同的境界。

男人退休後的家庭生活，不是耍廢或是含混打發，男人要參與許多家事小務，投入許多「生活小學分」的補修。過去你在家裡或許有愛有親，但是重新贏得家人的「尊敬」，則是另外一回事。

退休前，先重新審視自己的婚姻狀況。然後，不要忽略家人「芭蕉雨」各自感受互異，練習當個小男人、去愛上菜市場、學會幾道家常菜、包辦倒垃圾任務、設計有趣的旅行計畫、偶而預約浪漫晚餐取悅老婆……。體驗「芭蕉道」哲學，不要嘮叨、學著聰明慢老……雪中芭蕉，生活中一定有新的體驗，東山下雨西山晴，不是奇蹟，那是我們少見多怪了。

3 渭城朝雨浥輕塵，練習告別

唐詩三千，細數我最喜歡的十首，一定有王維的七言絕句〈送元二使安西〉，雨中送行。元二，王維的好友，出使安西，「安西」是唐朝為統轄西域地區而設的安西護府的簡稱，駐地在新疆庫車附近。渭城，在渭水北岸，長安城的西北，當時人們習慣在此送別離開首都長安，向往西行的朋友，依依不捨地說再見。陽關，在今甘肅省敦煌市西面，是古代出塞要道。

渭城朝雨浥輕塵，客舍青青柳色新；
勸君更盡一杯酒，西出陽關無故人。

這首詩，千年來觸動了無數人的離愁，有人將它作曲〈陽關三疊〉，也稱之〈陽關曲〉、〈渭城曲〉。在唐代已經被編成琴歌。歌曲分三大段，除了疊唱「西出陽關無故人」三次之外，強調離別依依，再加入由原詩詩意所發展的若干詞句，頗受歡迎，為當時的梨園樂工（歌手）廣為傳唱。即是，此詩已經紅透大唐，大家朗朗上口。

告別之後，原來的歸原來，往後的歸往後。這種傷感與哀鳴的情懷，千年不墜，此曲到了元朝、明朝、清朝各有古琴譜中歌詞創作。元朝的《陽春白雪集》歌詞：

渭城朝雨，一霎浥輕塵。
更灑遍客舍青青，弄柔凝，千縷柳色新。
更灑遍客舍青青，千縷柳色新。
休煩惱！勸君更盡一杯酒。
人生會少，自古功名富貴有定分，莫遣容儀瘦損。
休煩惱！勸君更盡一杯酒。
只恐怕西出陽關，舊遊如夢，眼前無故人！
只恐怕西出陽關，眼前無故人。

除了王維與友人的離愁，為何千年來，對此「送別」共鳴者眾呢？除了各朝各代古曲，近代也有混聲合唱、民族管絃樂、鋼琴獨奏曲〈柳色新〉、二胡獨奏曲……為何一千三百年後的我，也是屢屢被這般「依依不捨」的情愫所觸動？同理心於「兩地相思萬種」？我以為遠行前的告別，是深邃的悲泣美學，是「數聲風笛離亭晚，君向瀟湘我向秦」，晚風陣陣，從驛亭裡飄來幾聲笛聲，我們就要離別了，你要去湖南瀟湘，而我往長安走，一東一西。從此各自曲折，各自寂寞。

《漫長的告別》：總在生離死別前，才學會珍惜

二〇一九年日本電影《漫長的告別》（長いお別れ），源自女作家中島京子所創作的短篇小說集。她講述了一位罹患阿茲海默症的父親，在患病的十年內逐漸遺忘自己身為父親和丈夫的記憶，以及從他家庭慢慢消失的故事。故事雖然是虛構的，但是作者把與罹患阿茲海默症父親的故事、歷時九年的告別經驗與情感，悠悠隱藏其中，哀傷痕跡斑斑可見。

故事主角，是曾擔任區立中學校長與公立圖書館館長的東昇平。父親七十歲生日當天，家人確知他得了失智症。之後父親在時間沖刷下，記憶也被一點一滴悄悄帶走，接下來的七年無聲無息地漸進改變，家人們除了有各自的煩惱之外，他們用自己的方式「好好地跟父親告別」。看過電影的人們都深深共鳴，「也許記憶會消失，但愛不會」。

二〇二三年十月金鐘獎頒獎，劉克襄與我以《浩克慢遊》再度獲得「生活風格節目最佳主持人」。頒獎前，國父紀念館現場，入圍者的座位上都放著一本金鐘獎手冊。活動前，我翻閱著評審的評語：「主持人充滿哲理觀察，讓故事情節無所不在，常人忽視而資深作家卻能微妙品味，旅行見聞帶出視野，藉由遊歷聽聞觀點見解，讓人感受文人的細膩心思」、「兩位學有專精的作家組合，以致行雲流水之境界，無需任何排練，均能從個人資料庫中，說出獨到見識的觀點。將外景節目主持的高度，訂下難以超越的標竿。」

得獎後，團隊們一起參加了公共電視公司在餐廳的慶功宴。宴席中，得獎者陸續上台，暢言致詞。克襄向大家秀著手機照片，他的母親站在電視螢幕前，笑得開心……，這表示他高齡母親飯後並沒有如常回房睡覺，而是一直在螢幕前守著，等著頒獎時刻……老人家看到我們得獎的鏡頭，開懷笑著。致詞中高舉著手機的克襄笑得燦爛，他再次跟我說母親今年的兩大願望，其中之一就是「看浩克慢遊走上金鐘紅地毯，得獎」。

次日，金鐘獎後續媒體新聞有標題「劉克襄實現九十歲媽的願望」。而我的次日，在也是九十歲母親醒來的床榻旁，撫著她漂亮的灰白頭髮，輕柔地跟她稟報：「媽，我得金鐘獎了。」我慢慢地、仔細地，跟她介紹這是個什麼獎項……。

只不過她已經忘了我是誰、忘了我是她兒子……。

關於母親的失智，曾經書寫〈母親的二〇一九〉詩作。在天色仍暗的安平冬天清晨，星子還在，我決定掀被而起，打開電腦與思緒，記錄她的遠雷聲響與冬天邊界：

寒雲纏綣著冷樅林
天色暗沉了整個冬季
窗外有來不及退席的星子

不知是否醒來
在夢裡突然用詩的文字
與自己對話
憶起了爹，也想到了在台北的母親
二〇一九可能是她的夕陽邊界

這些日子
走進廟裡，只為了跟觀音菩薩默然相對
虔誠合十的手勢，隱隱不安
無法苦苦祈求，因為藏有冷然理性
和即將的告別

三年前開始
母親總叨叨絮絮七十年前的少女生涯

應該是她一生最鮮明的記憶
也是最後的殘留幸福，最後想抓住的
從此落塵快速矇住明鏡
一個月前的早上
心理咨詢師手中的梳子和牙刷，她無法辨識
茫然不清綁粽子的日子
問她現在是上午下午？笑得靦腆
最後，手中的筆已經忘了自己的名字
我知道，某個摟她的方式
我們已經失去了她

天色剛亮，窗外寒流也剛剛醒來
冷濛濛的安平陽台，我踱步
讓自己醒來，想念她

年輕人練習說再見，有「我們各自努力頂峰相見」況味

城闕輔三秦，風煙望五津。與君離別意，同是宦遊人。
海內存知己，天涯若比鄰。無為在歧路，兒女共沾巾。

「海內存知己，天涯若比鄰」實在耳熟能詳，意思是：四海之內只要有了你，知己啊知己，不管遠隔在天涯海角，都像在一起。讚嘆詩人寫得好，但我們可能沒有察覺詩句裡所隱藏的清愁、閒愁、怨愁、濃愁，因閱讀者的年紀不同，詩句背後無語的惆悵，我們會有差異解讀。中年後的我，從退休年紀再回到二十七歲青春的王勃詩句時，重新體會種種「告別的愁苦」，豁然發現原來告別境界有三種：少年灑脫、中年通透、老年超然。寫詩的人也是這般不同。

這首詩〈送杜少府之任蜀州〉，前面兩段文意是：在三秦護衛著巍峨的長安，而你卻要奔赴蜀地了，那裡是一片風煙迷茫。離別時刻，你我互道珍重，有無限的感慨，唉！我倆都是遠離故土，在仕途上奔走的遊子。

詩句第三句則是金句「海內存知己，天涯若比鄰」，離愁中隱藏奮發遠眺。最後一句，拭乾眼淚，然後打起精神說：「我們啊，不要在分手時徘徊憂傷，像多情的兒女一樣，任淚水打濕衣裳。」這首詩，是初唐當時客居長安，年輕的王勃臨別所作，因一位杜姓友人要從長安遠赴蜀地。他相送於岔路口，離情依依，此詩是對朋友的叮嚀，也是對自己情懷的吐露。

這首送別詩名作，千年來佳評不斷，雖僅僅四十個字，卻縱橫捭闔，變化無窮，彷彿在一張小小的畫幅中，包含著無數的丘壑，有看不盡的風光。明代顧華玉評論：「多少嘆息，不見愁語。」清代胡元瑞評論：「終篇不著物，而氣骨蒼然。」他們的評論，僅說對了一半，沒說的一半，是年輕人告別，內心總多了「我們各自努力，頂峰相見」況味。好像每年六月校園驪歌，同學即將畢業，各奔東西前的唏噓，卻又充滿鵬程萬里的期待。

送好友遠行、與戀人小別、跟故鄉說再見的當下，這種離愁情緒，年輕人往往澎湃高漲，也是詩人「誇大抒懷」的好題材。我們來說說年輕李白的告別故鄉，理解什麼是「少年灑脫」。

李白少年時代一直生活在四川，第一次離開故鄉，要去遠遊長江下游的楚地，他有〈渡荊門送別〉詩作，說著舟行千里萬里，故鄉層層疊疊的群山，漸漸地變成了平野，當山峰都消失了，只有那遠處的江水依舊緩緩東流。最後一句是：我依然眷眷憐惜這來自故鄉之水，不遠萬里來送我東行的小舟。雖然眷顧故鄉，另一面隱藏著對外面世界的躍躍欲試地張望與期待。

渡遠荊門外，來從楚國遊。山隨平野盡，江入大荒流。
月下飛天鏡，雲生結海樓。仍憐故鄉水，萬里送行舟。

我以為，年少的告別姿態，多像是「風蕭蕭兮易水寒」、「霸王別姬」的舞台劇，肢體語言要誇張，要讓遠處的觀眾看得到，燈光聚焦在情緒華麗與表情悲壯，舉袖拭淚，搖頭嘆息。回想我自己少年時，我也喜歡書寫告別相思，文字裡也屢屢說愁。中年後，我重新審視自己「青春的情感糾結」，已得到結論出那是模仿！那是練習！辛棄疾也說他年輕時「少年不識愁滋味，愛上層樓。愛上層樓，為賦新詞強說愁」。失落惆悵是真的，練習傷感也是真的。

中年說再見，分手多年後偶有「望穿秋水」懷思

中年告別，不似青春的激烈，卻依舊有「望穿秋水」懷思，溫溫熱熱的。劉禹錫的「清江一曲柳千條，二十年前舊板橋。曾與美人橋上別，恨無消息到今朝」，說的就是這般惆悵難消。但是，我們都懂得，中年離愁雖然若隱若現地存在，大叔就偶而「複習傷感一下」吧，像是冬陽回溫時，曬一下被子，緬懷「昔日餘溫」即可。超然，才是主旋律。

話說辛棄疾力主抗金，主張收復中原，但朝廷無此意，因此不加重用，壯志難酬，一生屢遭貶斥。四十九歲大叔年紀時，好友陳亮（哲學家、詞人，比辛棄疾小了三歲）從故鄉浙江永康遠到江西拜訪辛棄疾。辛棄疾住在自建的「帶湖新居」閒散多年，附近有他取名為「瓢泉」的小溪。小病出癒，故友陳亮來訪，辛棄疾甚喜，在瓢泉共飲，在鵝湖寺共遊。兩人喝酒，也縱談國家大事，時而歡笑，時而憂憤。陳亮在鉛山盤旋了十餘天，才不捨地告別而去。說再見，辛棄疾更一程又一程地送他，不忍分手。

朋友走了，次日早上覺得意猶未盡，辛棄疾驅馬追趕，想多挽留陳亮再住幾天。當他追

到鷺鶿林，深雪泥滑，不能前去，才打消念頭。那晚，他獨宿半路驛站，一人悵然獨飲。夜半在投宿的泉湖四望樓，有鄰人吹笛，悽然感傷，不眠，他寫了千古流傳的〈賀新郎〉，那是修煉者的寂寞與自信：

甚矣吾衰矣。
悵平生、交遊零落，只今餘幾！
白髮空垂三千丈，一笑人間萬事。
問何物、能令公喜？
我見青山多嫵媚，料青山見我應如是。
情與貌，略相似。

一尊搔首東窗里。
想淵明、停雲詩就，此時風味。
江左沉酣求名者，豈識濁醪妙理。

回首叫、雲飛風起。

不恨古人吾不見，恨古人不見吾狂耳。

知我者，二三子。

文字記述他們這次交往的經歷，詞中他自問：「悵平生、交遊零落，只今餘幾？」總結這麼多年來，只是白白老去，對世間萬事激情也慢慢淡泊了。屢屢自問：「還有什麼能真正讓我感到快樂？」詞句中有「我見青山多嫵媚，料青山見我應如是」、「回首叫，雲飛風起。不恨古人吾不見，恨古人不見吾狂耳」。詞中他從自傷「甚矣吾衰矣」寫起，轉向古人求知己，想起了陶淵明的「停雲，思親友」，結論自己最後的轉折心情「水聲山色，競來相愉」。關於告別，這是中年通透與自信意境。

有了「中年通透」的理解，我們再來看看詩人「從告別長安到歸家」的反向境界。中年時，許多人有生活之累，也有家庭之美；有人生之樂，也有世事之悲。人嘛，總要到了一個年紀，才能廣然醒悟一些東西，知道生命有天花板，生活是許多選擇後的結果，最常看到的多是「人間走遍卻歸耕」，宣告自己對官場與職場生活的厭倦，然後淡雅地，卻是返璞歸真地說：「一松一竹真朋友，山鳥山花好弟兄。」回到幾畝田園，過著小日子。滄桑中年後，都明白了：人生有一首詩，往往是你擁有它的時候，沒有讀懂，可是當你讀懂它的時候，它已經離你遠去了，這首詩就是「青春」。

來說說，通透中年的生活體會是啥？

杜牧〈歸家〉說：「稚子牽衣問，歸來何太遲。共誰爭歲月，贏得鬢邊絲。」杜牧懂得人到中年，平淡安然，最是幸福。中年時的生活，沒有波瀾。從告別到返家，沒有矢志不渝的激情，沒有歡情濃烈的耳鬢廝磨，只有家人默默陪伴。孩子的一句問候，妻子的一杯熱茶，就是暖呼呼的「足矣」。

中年程顥〈春日偶成〉說：「雲淡風輕近午天，傍花隨柳過前川。時人不識予心樂，將謂偷閒學少年。」此詩描寫程顥與友人春遊的心情，勾勒著風和日麗，把平凡的瑣碎看成安好。淡淡疏疏的白雲，惠風緩緩輕輕，此時此刻已近正午，陽光暖和。我閒走花叢之中，沿著綠柳，不知不覺到了橫亙眼前的河邊。當時的人不理解此時此刻我內心的歡愉，還以為我在學年輕人的樣子，偷閒玩耍。當天，程顥抓著青春的尾巴，然後放手，告別青春。

懂得通透的中年人，「說再見的苦」已經不似年輕人「情感濃烈」，他們總在思緒整理過後，淡定坦然，偶有悸動，但不會讓自己拖著沉重腳步前行，他們懂得日子還是一路前行，一路放下，繼續讓思緒輕裝上陣，明白「歡聚是幸運，離別是常態」。大叔說再見，先是眉心一緊，然後笑臉，說揮一揮衣袖，不帶走一片雲彩。

我中年時，才告別了青春，走入還沒有落葉的秋風

午後的繆寂，我來
同著雨絲輕叩山門——
山門狻猊怒目啣環

收起傘頁，坐在如湖面的鏡子
隔起

誰在讀梵？
沉古的男聲和擊磬，缽和檀香
木魚單音開始，脆鼓微響……
午課在拈香之後

雙手低垂藍袈裟飄起
僧人這樣走過的
不語如默鐘
那眼神輕輕一觸
我掩上一葉蓮瓣，轉身
雲遊了蒲團的以外

這是我二十一歲大四畢業前的詩作〈雲遊〉，充滿告別的心情。就業兩年後，工作繁重無暇書寫，我戒詩了，不讀、不寫、不觀想、不抒發……停止任何文學書寫，專心士農工商。這首詩也同時埋葬在書架上。

三十年後，在老舊收集冊裡找著了它。那是五十三歲春天，乍然重逢，假日早餐咖啡時光，端坐，慎重，重新審視這闕小詩，一字一句。歲數花甲前，回首看著似曾相識的年輕詩意，百感交集。

當時真是青春啊！這篇〈雲遊〉詩作後面註記著某種「告別預言」，宛如寫給大叔年紀的自己。過往的文青蹣跚軌跡，其中的告別文字，竟糾纏了三十年。原來告別自己的青春，是這樣的文字。

蘇東坡說「人老簪花不自羞，花應羞上老人頭」

歲月如梭，我往七十歲邁進中。

成為大叔後，多讀了「有些心情，長大才懂」的詩詞，也憶起青春「強說愁」的階段。十一年前開始，因為拍攝《浩克慢遊》旅行節目，導演要求每一集要交兩首小詩，配合節目斯景斯情。詩句四行或是五行，習慣養成，一路寫著寫著，竟然超過一百五十首作品，長年來記載自己旅行時當下的思維，飄著老派文字味。偶而回看，即使時間久遠竟然都記得當時的感動。這些旅行詩句都是說再見後，返家回味的，我不害臊地說：

一座祕密的詩園，薈萃滿滿，一首詩就是一盆植栽，我試著裝扮巧思，也練習文字靈動，啟動綠手指，將其修剪得燦然，也斐然，每一株盛開得奼紫嫣紅。

作家傅月庵說：「東西方傳統，都在在說明了一件事：詩是一種教養，沒有詩的人生稱不上圓滿。」中年後，我再度寫詩，以為寫詩，就是把剎那年輕的心情留下來，形成時間膠囊。我以為，中年讀詩，少了意興遄飛，但是多了暖灰的慰藉。

六十五歲之後寫詩，一則是整理心情，有感夕陽無限好，然後再把作品一一收入書桌抽屜，等待歲月複習；二則，沉澱內心種種，淵思寂慮。在杭州的蘇東坡「反串」醉歸的老婦人，寫有〈吉祥寺賞牡丹〉，詩句誇張，語意詼諧，但是模擬長者的樂觀與積極，印象深刻：

人老簪花不自羞，花應羞上老人頭。
醉歸扶路人應笑，十里珠簾半上鉤。

譯文：人老了，還把鮮花簪插在髮梢上，「我」不害羞，倒是花兒應該為了在我頭上而害羞，真應了「我不尷尬，尷尬的就是別人」。這樣賞花醉歸，引得路人哄笑，十里街市的百姓也都捲簾半掩，走出門也來賞牡丹。

歲月黃昏，擺正心態，放鬆心情，還是可以為自己找到不錯的生活狀態。二〇二四年四月二十九日，我受邀到嘉義市市府，有一場「聰明慢老」講座。沒有太多想法，就應了這次相邀。到了會場才知道原來這是一場「全部是六十五歲以上的市民」，大家來上課，會場座位全滿，約五百人！頗為壯觀，我從沒有一次看過這麼多「樂齡者」匯聚一起，全神專注聆聽我的分享。

活動前，大家熱情寒暄，欣欣向學氣氛濃郁，甚至興高采烈。這真是一次特別的經驗，整場九十分鐘講座，我震懾於大家專注聽講的炯炯眼神。想起蘇東坡的〈吉祥寺賞牡丹〉。當天我成了害羞的牡丹花。五百位領有「敬老卡」的資深市民把我簪插在髮梢上，不說桑榆晚，紅霞映滿天。

我的開場白說著：「台灣戰後嬰兒潮的盛況，有個觀察指標，在一九六六年，台北萬華有一座老松國小，共有一百五十八班，學生人數達一萬一千人，分上午班、下午班交錯上課，創下當時全世界學校班級數和學生數最多的紀錄。然而二〇二二年學校資料，學校人數剩下五百三十二人。而當年那些小學生們，如今已經退休，年齡也超過六十五歲，如同你們五百位嘉義資深市民，我們大家都經歷了那個經濟起飛時代。如今，我們要開始聰明慢老了。」

二〇二四年三月，嘉義市總人口263,290，超過六十五歲者48,941人，占十八・六%。預估二〇二五年底將邁入超高齡社會（台灣已於一九九三年成為七%高齡化社會，二〇一八年轉為十四%高齡社會，推估將於二〇二五年邁入二十%超高齡社會），市政府努力建立「樂齡勇壯城」，除了提供長者好的健康環境、提升醫療品質之外，也建立新學習系統，讓大家有踏實「聰明慢老」的心理建設。當天的演講，現場才得知「今天是開學典禮，也是第一堂課」。

講座結束回程途中，想起大家認真的眼神……有點驕傲了，當天我化成了一朵牡丹花，同學們紛紛將花朵簪上髮梢，大家揮手，向我告別。我答應，有機會會再回來嘉義跟大家分享「聰明慢老」。

回顧此生之餘，應該勇敢練習說再見

《我還能再看到幾次滿月？》是音樂大師坂本龍一遺作，在二〇二三年去世三個月後才出版發行，引發關注。話說二〇二〇年底，當坂本龍一發現癌細胞轉移時，醫生曾對他說：「如果什麼都不做的話，壽命就只剩半年。」這本書就是他生前親校參與的自傳，既客觀也主觀，也是他跟世界說再見的悠悠之語。

在這本自傳中，最重要的就是坂本龍一所說的：「如何學會死亡，如何跟自己的死亡握手言和。」三年，坂本龍一用三年的時間「練習告別」。

坂本在書中多引用里爾克（Rainer Maria Rilke）的詩集《時間之書》，詩集中所言「時間傾斜」，讓坂本感受到了時間的無形與流動。書名提到「滿月」，也提到「還能有幾次？」對於一位正在凝視死亡的人，里爾克的詩所說的是：

即使我們不能逆轉死亡、不能救回死去的愛人，
但當我們用音樂在跟這個世界說話時，
我們已經懂了死亡的意義，我們已經超越了死亡。

詩人廖偉棠在《我還能再看到幾次滿月？》新書講座裡，把講題設定為「死亡只是月亮

又一次的盈虧」，內容講述「坂本龍一如何用音樂承接地球的墜落，以及他眼中的世界」。廖偉棠認為坂本龍一更大的人格魅力，在於他對現實的介入。坂本向來不忌諱談論他的政治立場，他反核反戰，也用自己的影響力帶來改變。

他曾經一度失去創作欲望，直到一天，在街頭聽到流浪漢彈奏披頭四的音樂，他才頓悟、釋懷，重新坐回鋼琴鍵盤前。廖偉棠解釋坂本龍一的轉念：「他用音樂跟恐怖主義較量，既然你在製造死亡，我就把它都接住，把它抱緊，讓死亡變成溫暖的東西，一個我們可以去理解的東西，這就是坂本龍一想到的辦法。」

音樂家的靈魂，有時需要救贖，自己救贖自己。一次，坂本龍一與三一一海嘯倖存的一架泡水鋼琴相遇。原本，坂本認為這台鋼琴音調已經不準了，但彈奏時，他領悟到：「所謂音準其實是人類定義的，會不會，其實大自然的音準才是真正的音準？」

許多哲學家、詩人、宗教家都說過：「人就像神的樂器。」當我們成為神所演奏的樂器，就像遇見突如其來的苦難，會使我們重新看待人生。

講座中，廖偉棠提出問題：「那麼，這個樂器的音準，是我們自己調適它？還是交給大自然去調適？」說到這裡，廖偉棠分享讓他自己讀了對死亡再無恐懼的一句詩，是陶淵明的「縱浪大化中，無喜也無懼」。縱身跳下海浪裡獲得自由，就如同這台鋼琴被海嘯帶走，被縱浪大化了，它又回到坂本面前，帶他去思考自身的「音準」。其實，不是坂本救了這台鋼琴，而是這台鋼琴救了坂本。

書中，坂本有一段記憶，說著他一次即興演奏，曲與曲之間，他不經意回憶觀看過去種種，從希臘神殿的列柱中看見月光。二十多年來，他一直記住「那一剎那的畫面」，月亮在告訴他「音樂是怎麼回事」。二十多年後，面對死亡，月亮再次告訴他「生命又是怎麼回事」。

我的書寫停筆。找出坂本龍一在生平所留下的最後作品，這是他與日本導演是枝裕和、知名編劇坂元裕二，影壇難得的夢幻組合，仨人一起合作的電影《怪物》配樂。我關燈，聆聽。

補述一段。導演是枝裕和表示：「我去勘景的時候，覺得夜晚湖畔的戲必須要有坂本教授的鋼琴聲，因他身體狀況的關係，我先用一首個人很喜歡的坂本樂曲搭配，再附上一封信寄給他。後來他回覆說，沒有替全片製作配樂的體力，但看完畫面後腦中閃現一、兩首樂曲，願意寫寫看，他要我喜歡就用。」

柳宗元說再見：欸乃一聲山水綠

「唐宋八大家」之一的柳宗元，僅僅活了四十七歲。元和十四年（八一九）深秋，柳宗元病倒了。病逝前，他分別給摯友劉禹錫、韓愈寫信，託孤：「夢得兄，我的妻小拜託你了……。」

然而，他跟世界說再見，並非是最後生病之際，而是當他三十三歲時，就隱約地開始了。當年，柳宗元被貶謫到窮山惡水的永州（湖南省西南端，南嶺山脈北麓，瀟水和湘江匯合處），孤身一人，僅有老母作陪，可是不久母親水土不服，病逝永州。母親的去世，對他打擊甚大。貶謫起初，柳宗元還在掙扎，他給朝中的故友寫信，言辭懇切，聲聲求救，可是卻無人回信。是啊，一位得罪當今皇上的犯官，不可能被赦免的犯官，誰會理他？

在永州住的房子經常失火，身體愈來愈差。他似乎被遺棄在永州。

孤傲的柳宗元在永州前後有十年之久。在永州一次病後，他自問，難道要抑鬱地過一生嗎？當痛苦無法迴避，你必須跳脫出來，能拯救自己的，就是自己的轉念。柳宗環顧永州四周，開始上山去訪山溪，吹山風。他喜歡那些人煙稀少之處，越過江水，砍斷荊棘，獨自走在山徑，站在山頂跳遠。他喜歡隱密的野溪，發現冉溪風景絕佳，於是在溪旁安家，還給溪水取名「愚溪」，戲笑自己一生愚昧。柳宗元常常獨坐靜望著野溪水流，看著陽光透過溪水，游魚的影子反射照映在石上，說：「日光下澈，影布石上。」

在永州，每遊歷一處，就寫下一篇遊記。期間他寫了清麗雋秀《永州八記》，經典八篇散文作品，期間最富盛名的詩作則有〈江雪〉、〈漁翁〉等，這些詩文透過柳宗元已然寧靜的內心描述，表達了他在革新失敗、自身遭受打擊後尋求超脫的心境，充滿了色彩和動感，境界奇妙動人，其中千古名句「煙銷日出不見人，欸乃一聲山水綠」尤為人所迷醉。詩歌原文：

漁翁夜傍西岩宿，曉汲清湘燃楚竹。
煙銷日出不見人，欸乃一聲山水綠。
回看天際下中流，岩上無心雲相逐。

大文學家蘇東坡讀了此詩頗為稱道，說：「熟味知，此詩有奇趣。」他喜歡「煙銷日出不見人，欸乃一聲山水綠」二句，也評論說最後兩句多餘了，「不必亦可」。或許，對蘇東坡而言，青山綠水，乍現眼前，已經足夠治癒一切了。年長時，我們也是「欸乃一聲山水綠」，有划船動感幢幢，有淙淙水聲陪伴。一生所有困頓與折騰，一念之間就在水聲「超然」了。

身在低谷，只要心存希望，只要眼裡有光，世界自然就有明亮。千年來，人們讚美〈江雪〉、〈漁翁〉詩作，喜歡的，是柳宗元在苦痛中永不沉淪的靈魂。他送行了青春，也確立了他向世界告別的姿態。

我說，無論年紀，在屬於自己宿命的雨季，不論悲壯、傷感、孤寂、遼闊……蘇東坡、坂本龍一、樹木希林、齊邦媛等等，他們老了，卻持續創作著，他們用自己的方式與世界和解，也展現圓潤。死亡之前，他們認識生命本質為何，再用自己「超然，不受拘束」的方式與死亡相處，從練習開始，最後慢慢與世界告別，留下態度。

生死告別，我們只敢迂迴在心底

英國電影演員休・葛蘭（Hugh Grant），影迷多喜歡他的愛情喜劇片，醉心他那貴族般的氣質與略帶陰鬱氛圍的眼神。一九九九年，他與茱莉亞・羅勃茲（Julia Roberts）主演的《新娘百分百》，以全球票房高達三億美元的成績，讓他大大翻身成功，並陸續浪漫推出：《BJ單身日記》、《貼身情人》、《愛是您・愛是我》、《K歌情人》……等。

二〇二四年受訪時，他已經六十四歲，灰白頭髮，皺紋明顯，已經沒有年輕時的笑容盈盈。被問到對完美幸福的看法，以及最想要如何離開人世，他詼諧地表示：

一邊喝上一品脫的倫敦之光（英式淡啤酒）一邊吃 Twiglets（一種英國零食），邊看柯林・佛斯（Colin Firth）評價票房雙慘淡的新聞……我老婆已經很好心地答應我，會偷偷跑到我身後，朝我的頭來一槍。

一則新聞：二〇一八年九月十五日，演員樹木希林女士去世，享壽七十五歲。樹木希林是我的日本影片偶像，認識她，因為看了許多是枝裕和導演的影片，劇情裡總有一位低調不彰顯的婆婆，演技嫻熟於無形。

尊敬她，則是一些「老，然後舒坦」的生活態度。她認為應將人生過得有趣，不論什麼樣的大困難都能化作自己的養分。她說：「人啊，是為修補自己與生俱來的缺點，以及改善不合格之處而生的吧。」這是她的人生觀，當她年過七十歲時，更是如此自覺。她進一步說明，人並不是為了工作而生，沒有非如此不可，活著，就一點一點地拿著針線修補著……這是生命任務。

崇拜她，則是「有趣地走向生命盡頭」的哲學態度。六十二歲時罹患乳癌，接受切除手術。出院後，她拒絕吃抗癌藥。「也許別人吃抗癌藥是有效的。我會自己處理後事，但不能讓別人擔心。」後來，由於癌細胞移轉到身體各處，每年要去鹿兒島的醫院接受一個月的放射性療程，太久了，樹木希林提議說：「醫生，可不可以把療程縮短為一個星期？稍微燒焦一點也沒有關係。」根治的療程很久，痊癒後，她說：「年輕時，死亡並非日常；而如今，可非常真實地感覺到自己是站在死亡的那一方了。」

她去世後，《離開時，以我喜歡的樣子》出版了，很快地銷售超過五十萬本。出版社特別聲明「本書的製作仰賴各電視台、報社、出版社慨然允諾轉載、引用，以及多位攝影師提供珍貴的照片，我們由衷感謝。」大家都喜歡她、尊敬她。

我，感謝樹木希林的生死哲學，我學到了豁達與雋永。

4 雨過天青，這般顏色做將來

五代十國時期，北方政權「北周」柴世宗，建立了歷史所謂的「後周柴窯」，當時燒瓷師傅捧著剛剛燒出來的瓷器，請示柴世宗這個御用器皿的樣式顏色，要怎麼稱呼？皇上批道：「雨過天青雲破處，這般顏色做將來。」至此，五代的瓷釉便被欽定為天青色，稱「雨過天青」。

故宮「汝窯展」的網頁上也引用此詩句，「雨過天青」就是指瓷器裡一種白中透藍，漂亮而溫潤的釉色。這個以詩形容的浪漫顏色，成了「珍貴稀有」的代名詞。《紅樓夢》第四十回，描寫劉姥姥進大觀園之際，賈母「高傲，又故作稀鬆平常狀」地向眾人介紹：「那個軟羅（綾、羅、綢、緞等日常生活中對絲織品的稱謂）只有四個顏色：一樣雨過天青，一樣秋香色，一樣松綠的，一樣就是銀紅的。」

話說五代十國時期，介於大唐與北宋之間。當大宋國祚繼承了北周，夢幻般的「天青色」色澤含蓄瑩潤如凝脂，也成為宋代文人追求的藝術品。宋朝的審美觀與前朝沒有違和，甚至還有累積與昇華。北宋的「汝窯」作品，便以溫潤典雅的天青釉色，給人以理性、高雅、含蓄、自然的感覺。

著名歌曲〈青花瓷〉作詞人方文山，他在歌詞裡寫道：「天青色等煙雨，而我在等你；炊煙裊裊升起，隔江千萬里，在瓶底書漢隸仿前朝的飄逸，就當我為遇見你伏筆……」周杰倫的音樂受到好評，而方文山的歌詞則引發研究與讚譽，雨過天青巧妙地入了歌詞，我以為雨過天青也可以化入人生況味。

「簡單質樸的天青，才是最令人眩目的奢華」，我是汝窯的美學追隨者。

「雨過天青」也可比喻情況由壞轉好。生命，凡是經過思索、探尋、淬煉過的，不管幸福與否，我都覺得那是雨過天青的顏色，不絢麗，卻動人。

心理學家榮格說「有什麼樣的潛意識，就有什麼樣的人生」

心理學家榮格，他說：「有什麼樣的潛意識，就有什麼樣的人生。」榮格認為潛意識分成三層，由淺入深：意識、個人潛意識（情節發生的地方）、集體潛意識（集體的文化層面）。其中，「集體潛意識」是榮格異於其他學派的獨特論述。

來說說第二層「個人潛意識」，通常包含一些被你遺忘的過往，或者是被你壓抑的過去。潛意識會用夢、幻覺、錯覺、白日夢的方式出現。榮格認為潛意識的內容就是一個一個的情結，由許多的心理內容集結在一起。諮商心理師也發現對談中，有時對方會變得慢或變得反常，這個議題底下，往往隱藏有許多情緒，像是小飛俠情結、戀父情結、戀母情結、自卑情結、權力情結或是聖母情結……這些情結都是一個個還沒處理過或是還沒有通過的情緒疏導，所以不是你在支配這些情結，而是這些情結在影響著你做反應。

我不是心理學家，只是個無照心理師，但是閱人者眾，喜歡，也潛心在心理學「個人潛意識」的觀點。我覺得每個人應該「靜下來，偶而好好思索內心」。尼采說：「這世界從沒有真相，只有視角。」這句話有幾分道理，但是我以為「年紀愈大，顧慮愈少」，改變視角，去挖掘過去不敢面對自己內心的真相吧！

心理學家解釋，這些內心情結平常隱而不見，都被我們壓抑到潛意識。像是聖母情結者，一位女性看到壞壞男性，當她知道他心裡受過傷，她內在潛意識會被勾動，很想要去照顧……。

在退休前，我們應該回首過往人生，以「潛意識」逆向拼貼自己內心世界，思考「這些年來，我是怎麼變成這個模樣？」「冷靜下來，當初我為何做了這個決定？」如果，從年輕時代開始倒帶，回首過往，從興趣探索、科系選擇、婚姻對象、行業取捨等等……。自問，當年為何跳上了這趟車班？為何走向這條道路？甚至思索：我目前的人生跑道，過去是別人替我們規劃的？現在我懂了，可以重新畫下自己的人生跑道嗎？

舉個諮商心理師喜歡談及的例子：美國演員尼可拉斯．凱吉（Nicolas Cage），曾主演《遠離賭城》、《絕地任務》、《變臉》、《國家寶藏》系列等膾炙人口的作品，擁有許多影迷，當然也獲利不少。但是二〇一〇年後開始有負面報導，甚至「狂拍爛片，償還一點八億元債務」。

十二歲時，他的父母離異，之後的遭遇讓他有了匱乏感，甚至有了「不是我自己賺錢買得的東西，都有可能被奪走」的恐懼感。所以當他功成名就之後，開始「爆買」，消費到了一個層度，已經不再是為了向別人炫耀，而是單純地為了自己「想要」，潛意識是「自己可以自由擁有，也可以守護所買得的」，後來狀況變得嚴重，不管東西的價值，是否為自己所需要、喜歡。他開始狂買、亂買、爛買……所以他破產了，有過五段不堪的婚姻……。

尼可拉斯．凱吉心理諮商多年後，能從容檢視自己的潛意識，懂得放手，也接納自己了從前的匱乏。我也察覺現在意識，希望能解析自己的潛意識，應該是孔子所說的「四十不惑」境界。我以為，潛意識有四個層級：

一，先「認識」自己的潛意識，就不會被絆住了。
二，接著你要會「尊敬」它，才不會被它操縱。
三，最後「看清」它，不是要對抗它、不是要滿足它，而是弄明白自己。
四，最高境界，如果能「善用」它，就會懂得如何創造生命中的柳暗花明了。

「有什麼樣的潛意識，就有什麼樣的人生」。不用深奧的心理學術語、大師理論，我想透過梁思成、林徽因這對民國初年的著名夫妻與其子孫，以逆向工程的方式，理解他們在大時代裡自己「無知、未知」的潛意識與人生走向，最終得有「這般顏色做將來」的深思。

十六歲的林徽因，二十三歲的徐志摩，他們的分手信

一九二〇年，十六歲的林徽因與父親林長民（革命家林覺民是其堂弟）在倫敦旅行，她見著了在劍橋旅讀的徐志摩，兩人在倫敦「又」擦燃了感情火花。當時兩人的背景是：林徽

因已經跟梁思成訂婚；徐志摩則是來英國前，已經跟元配張幼儀離婚了。

關於徐志摩、張幼儀與林徽因的三角關係，林徽因是他們夫妻關係的介入者。年輕的林徽因少女情懷，引發徐志摩的情感出軌，他們之間有了曖昧。

在與徐志摩分手信裡，林徽因說道，「上次您和幼儀去德國，我、爸爸、西瀅兄在送別你們時，火車啟動的那一瞬間，您和幼儀把頭伸出窗外，在您的面孔旁邊，她張著一雙哀怨、絕望、祈求和嫉意的眼睛定定地望著我。我顫抖了。那目光直透我心靈的底蘊，那裡藏著我的知曉的祕密，她全看見了。」張幼儀的女人直覺，林徽因心虛了。

林徽因知道他們夫妻離婚的因素，一定有她。「起因是什麼我不明白，但不會和我無關。」在倫敦時，幾番掙扎，林徽因決定揮劍結束這段感情，她知道她無法承擔「愛情繼續走下去」的自責。「志摩，我理解您對真正愛情幸福的追求，這原也無可厚非；我但懇求您理解我對幼儀悲苦的理解。她待您委實是好的，您說過這不是真正的愛情，但獲得了這種真切的情分，志摩，您已經大大有福了。」

林徽因選擇當徐志摩前往柏林時的空間距離，快刀斬亂麻，她留下分手信，斷然熄滅「我自己心頭絞痛的感情」，她說：「火，會將我們兩人都燒死的。」她在分手信裡有兩段，敘述自己掙扎的戀愛腦與急流勇退的理由，我以為那是民國初年的情書經典：

原諒我的怯懦，我還是個未成熟的少女，我不敢將自己一下子投進那危險的漩渦，引起親友的誤解和指責，社會的喧囂與誹難，我還不具有抗爭這一切的勇氣和力量。我也還不能過早地失去父親的寵愛和那由學校和藝術帶給我的安寧生活。我降下了帆，拒絕大海的誘惑，逃避那浪濤的拍打……

我說過，看了太多的小說我已經不再驚異人生的遭遇。不過這是誑語，一個自大者的誑語。實際上，我很脆弱，脆弱得像一支暮夏的柳條，經不住什麼風雨。

當徐志摩從柏林回到倫敦，急急搭上火車找尋林徽因而去。只見一紙留信，信箋是紫色，「紫色，這個我喜歡的哀愁、憂鬱、悲劇性的顏色，就是我們生命邂逅的象徵吧」。他明白她的抉擇與決絕，寫了回信，嚴格講應該是一首詩，一首傳誦世紀的經典男子失戀詩：

如果你不曾出現，我還是那個原來的我
雖然孤獨，但並不孤單
你來時攜風帶雨，走時亂了四季
我久病難醫
紅豆有毒，卻代表相思
後來才知，相思入骨，再無藥可治
有一種幸福，叫有人惦記
有一種牽掛，叫深秋珍重
原來遇見，真的有兩個名字
一個叫緣分
一個叫劫數

這段世紀愛情的聚合與分散，有百年來的傳誦與唏噓。一封分手信，至此兩人的命運走向分岔路，如果以他們各自的潛意識來理解「愛情終結」，可以看到生命端倪：開始就是結束了。當你買了列車票，終點已經在等你了。

一段轟動民國初年的戀情結束了。他們的故事，卻是讓後人的我們，得以探討「昔日林徽因的內心，是暗藏了何種莫名的副作用力量，讓她斷然終止這一段戀情？」而這個「潛意識」如何影響了她的人生、她的朋友、她的後人。

從王陽明的龍場悟道，說說量子糾纏

來說一段哲學故事，關於王陽明的。

三十五歲的王陽明，因為得罪宦官劉謹，被貶為貴州龍場驛驛丞（如同村長的職務）。龍場位於貴陽西北七十里的蠻荒之地，萬山叢棘，苗、僚雜居。王陽明的父親龍山先生王華，當時任職禮部侍郎，居於北京，聽聞兒子被下放的消息，大喜，對旁人說：「吾子為忠臣，將名垂青史，得此吾心願已足。」真是開明爽朗的父親。

在龍場，處於生活困境的王陽明，在居住地後山鑿石，布置一處山洞，晝夜端坐其中。胸中灑然，漸漸將過去的患難一一淡忘。但是，隨行的僕人不堪當地瘴癘常常病倒。王陽明立場反過來，親自汲水、煎藥、作粥照顧他們，甚至擔心他們抑鬱積懷，也說些詼諧笑話，進行心理輔導。

一夜，王陽明夢寐恍惚之間，夢見「格物致知」的奧祕，夢中似乎有人告訴他，驚醒，他站在床鋪上歡呼跳躍起來，吵醒了熟睡的僕伴。後來，他解釋：他夢見了孟子，夢中孟子向他講授「良知」一章，這個夢中講授，讓王陽明進一步闡發「良知即天理」。原來，多年來王陽明從聖人之學（儒學），轉進到道學、佛學研究。一路探索，回頭再加入群儒之言，把學問全部「折衷」起來，卻久久沒有找到一個歸納天道人間的哲學。因為夢見孟子講學，王陽明一夜頓悟了「良知」的要旨。這三年龍場生涯，哲學史稱之「龍場悟道」。

然而，這個時期他有一句名言，以現代說法就是「量子糾纏」，這個待會解釋，先來看看王陽明說了什麼?坦言，我頗受啟發：

爾未看此花時，此花與爾心同歸於寂。爾來看此花時，則此花顏色，一時明白起來。

便知此花，不在爾的心外。

你是你，花是花，互不相干，各自孤獨寂寞。當你遇見此花，這株花朵的容顏、花色、姿態便影響了你，烙入內心。有了印象，有了倩影，有了情感，花朵從此羈絆你的心。

回頭，再看看徐志摩的回信：「如果你不曾出現，我還是那個原來的我。雖然孤獨，但並不孤單。你來時攜風帶雨，走時亂了四季……」遇見愛情之前，我們原是陌路人，經過相戀，最後分手，各自天涯海角。你是你，我還是原來的我，但是為何心會痛？為何會憔悴？

唐朝詩人崔護說：「去年今日此門中，人面桃花相映紅；人面不知何處去，桃花依舊笑春風。」文字中桃花熱鬧如昔，為何同樣春風花景，我卻有深深懷念呢？這個就是量子糾纏，它改變了你生命的平衡，也改變許多事。

當粒子產生過連結，就糾纏了。生命也是，當你與一些人事物連結了，歲月中這個糾纏就發生了，有些人有些物，有些故事更會隨著歲月而更鮮明。

關於量子糾纏「幽靈般的超距作用」

台灣大學物理系張慶瑞特聘教授，二〇二三年三月一日在台大演講網的「量子糾纏」影片，迄今已經超過兩百五十萬人觀看，我稍稍整理一下文字，給非理工腦的大眾參考。

什麼是量子糾纏？探究「由哲學到數學，再經科學到科技」講題，究竟是怎麼回事？我們先認識定義：

「量子糾纏」是一種現象。其中兩個或是多個粒子以一種方式相互關聯，即使它們相距很遠，它們的特性也不再相互獨立，永遠糾纏。像不像王陽明的「我與那一朵花」，「相見、明白」則是一種關聯，之後花色的倩影成了視覺印象纏繞，或者是當下的美學感受，一陣心湖漣漪，「我」不再獨立，成了「我是看過那株花的我」。

徐志摩與林徽因，「相戀」是一種關係，即使後來一位嫁給梁思成，一位空難而死，陰陽相隔天地間，他倆卻依然「不再相互獨立」，這種現象叫做「量子糾纏」。關係一旦有了連結，便成了永恆，這個也是哲學的一種概念。如同《量子糾纏：黑爾戈蘭島的奇幻旅程》作者卡羅．羅維禮（Carlo Rovelli）所言，只要把這個世界視為「基本上是由『關係』所組成，而非『物質』所組成的」，那就可以解開令人困惑的「量子糾纏」。

我想像，過去所學的知識：蝴蝶效應、玄學傳說、宗教因果、未來科技、神祕學……是否可以用量子糾纏來重新理解人生？那種幽暗不顯的關係，又可以跟「心理學」有連結？

十六歲的少女林徽因，知道自己是第三者，她與徐志摩的關係戛然而止，說自己未成熟，仍需要父親的寵愛、藝術生活的浸淫……，所以拒絕了大海的誘惑。請問，有諮商心理師可以解釋，此刻林徽因跨過了什麼情結？或是困於什麼情節？林徽因畏懼社會壓力，有道德枷鎖，無法正大光明愛上有婦之夫，帶著愧疚的愛，太沉重。

ChatGPT 解釋：科學的「量子糾纏」的起源可以追溯到量子力學原理。根據量子力學、電子、光子和電子等，粒子在被測量之前，它不具有確定的屬性。相反地，它以疊加狀態存在，在此狀態下，粒子同時具有所有可能性的屬性值。

例如，一個電子在測量之前，可以處於自旋向上和自旋向下的疊加狀態。當兩個或多個粒子相互作用時，它們的狀態會變得糾纏在一起。這意味著整個系統的狀態，不能用單個粒子的狀態來描述，而是做為系統所有可能的疊加。而這些糾纏粒子有一個關鍵特徵：它們表現出一種被稱為「幽靈般的超距作用」的現象。

這意味當一個粒子的狀態被測量時，另一個粒子的狀態就會立即確定。就像有一雙鞋子，其中一隻腳的鞋子放入台北的箱子，當打開紐約的那只箱子，取出，知道了是右腳，那麼在台北密封箱子裡的，我們就知道是左腳。

不管它們彼此之間的距離有多遠，如同一對戀人天涯海角的心有靈犀，甚至彼此出現榮格所說的不思議「共時性」現象。科學界多年來，終於以量子糾纏來解釋哲學、數學、量子力學，已從「公認的預測」被「大量實驗證實」了。

說說基礎的「量子」是什麼？

量子其實不是一種物質或是粒子，它是一種狀態，是在微觀世界很常見的現象，但是在宏觀世界卻很不容易觀察到。量子一詞來自拉丁語Quantus，本意是「有多少」。潛意識，是微觀世界，它與量子糾纏有連結？

我的想法是，「心理學者的研究結論，可以與量子糾纏對話」？如果心理學者也認識了量子糾纏定義，他們會推測出「量子糾纏與心理學的潛意識、心理情結」的關係？甚至它與影響人生的種種課題？

我在量子論裡，學得量子力學的疊加、糾纏、量測的科學，也學得哲學、科學與量子糾纏的相關性。多了從量子力學的啟發：一個人的一生，是我們所有大大小小的選擇，之後，所有「疊加」的結果。我好奇的是：選擇的順序可以交換？靈魂糾纏改變了，那又會是什麼不一樣的人生？揭開了自己的潛意識，設想選擇對象、順序肯定不同，林徽因會重新選擇徐志摩？還是割愛分手？或是白頭偕老、永浴愛河？

你我相逢在黑夜的海上，你有你的，我有我的

回來說說民國才女林徽因，她的故事、潛意識和愛情。

她沒有驚世的動人美貌，但長得靈氣、嬌小可愛，自幼跟隨父親周遊歐洲，見識廣博，外語流利，吸引不少知識菁英追求。徐志摩為她拋棄元配，但是梁思成與她相伴一生……哲學家金岳霖等待她終生未娶。

話說梁思成家世顯赫，他的父親是梁啟超。林徽因雖然受到父親的疼愛，但是她的母親是家中小妾，而且不受喜歡。林徽因為了母親在林家的地位，也為了維護自己在林家的名望，不能做為別人的填房，她必須選擇「名門之後」。

先說說林家。林徽因的父親林長民是光緒進士，當他二十一歲中舉後，學習英語、日語，從事翻譯。光緒卅二年（一九〇六），三十一歲的林長民在日本早稻田大學獲得政治經濟科的學士（這時林徽因三歲）。宣統元年（一九〇九），林長民回國，為了大清帝國的國政

改革，他在上海被推為「國會請願同志會」書記。一九一一年，因為堂弟林覺民的死亡，他轉向投身革命運動，甚至孫中山當選中華民國臨時大總統後，他還參加了《中華民國臨時約法》的起草工作。

林徽因的叔叔林覺民是黃花崗七十二烈士，那封〈與妻訣別書〉流傳後世影響甚深。林徽因的弟弟林恒，則是中華民國空軍飛行員，在抵抗日本侵略空戰中陣亡。林覺民與林恒都被供奉在台北忠烈祠，而忠烈祠的最初設計圖稿就是來自林徽因。

話說一九二四年，林長民在對奉系領導人張作霖作戰中，遭受流彈波及，傷重身亡，這一年林徽因二十一歲。因為最挺她的父親去世，她與母親在林家的地位顯得微妙與尷尬，這也是她遠去美國求學的原因之一。

面臨抉擇，潛意識會有最後的仲裁。

林徽因因為長期與父親在歐洲遊歷，開始喜歡建築，促成她二十一歲時前往美國賓州學習建築，未婚夫梁思成也隨同前往一起當「同學」。因為一九三四年前學校建築系不收女性，所以林徽因註冊了美術系，但是她依舊熱愛建築學，所以也完成了大部分建築系課程，期間她選修了設計理論、繪畫史、建築史……最後還擔任了建築設計的助教。她的學科成績傑出，證明了她的學業優於大多數同班男生……，而她沒有獲得建築學學士學位。

後話，二〇二四年五月十八日舉行的賓夕法尼亞大學韋茨曼設計學院畢業典禮上，設計學院向林徽因——這位被稱為現代中國第一位也是最著名的女性建築學家——頒發了遲到的建築學學士學位。報紙標題：遲到近百年，民國第一才女林徽因終獲頒賓大建築學位證書。

韋茨曼設計學院院長弗里茨．斯坦納（Frederick Steiner）說：「從當時的紀錄來看，很明顯林徽因想要學習建築並成為一名建築師，並且她後來也在這一領域取得了巨大成功。隨著我們研究的不斷深入，她沒有被授予學位的原因很清楚，就是她的女性身分。」這位院長在二〇二二年發起了調研和審閱，他表示，這是一個歷史遺留的錯誤，是時候來糾正它了……她的畢業證書上的畢業年分：一九二七年。這一年，林徽因二十四歲！

一九二七年，梁思成獲得學士和碩士學位，他轉去哈佛大學學習建築史。次年，他們結婚了。梁思成當然知道未婚妻林徽因與徐志摩的一段情，他看在眼裡，靜靜等待。結婚後，梁思成忍不住問她為何選擇自己？林徽因只是笑笑說：「這個答案很長，我要用一生的時間回答。」她狡猾地回答了問題。她把浪漫愛情收藏在心底，化成了別人眼中的恩愛夫妻。

婚後蜜月旅行時，夫婦倆考察歐洲許多建築，回國後，林徽因與梁思成牽手走過中國各地，考察了許多各個朝代的古建築，測量、記錄、考察、歸納，最終她倆一起編寫了《中國建築史》，那是首部由中國人自己書寫的一本民族傳統建築史，是一部迄今無法取代的中國建築技術史，也是一部中華民族居住藝術與生活方式的變遷史。

一九三一年十一年十八日，徐志摩空難身亡，享年三十四歲。徐志摩計畫於次日參加林徽因的建築學講座，在活動前一天，搭乘中國航空公司「郵政號」飛機由南京飛往北平，意外墜機罹難。收到噩耗的林徽因嚎啕大哭，她請求梁思成到濟南為她帶回一片失事飛機的殘片。林徽因的心緒從極度哀戚、紛亂，懸崖式地墜入死寂。

關於愛情，梁思成憋屈多年來，靜靜等待「女神般的妻子」能專心一意對自己。在徐志摩死後，梁思成的潛意識多了「少了情敵，鬆了一口氣」。日子過著過著，沒想到有一天，林徽因跟他表白說：「我愛上了別人……。」這個人是金岳霖，他是著名的哲學家，也是梁思成的摯友，更是常常串門的鄰居，這是一段日久生情的愛意。

梁思成靜默了一個晚上，說：「你是自由的，如果你選擇金岳霖，祝你們永遠幸福。」他打算成全他們，雖然痛心，但是理智戰勝糾葛。聽丈夫如此一說，林徽因反而滋生愧疚，重重自責，金岳霖也選擇退出。然而金岳霖對林徽因的愛沒有消退，把熱烈追求轉而守候一生……。

愛情為何物？直教生死相許。

「晚風乾，淚痕殘。欲箋心事，獨語倚欄。難！難！難！」唐琬在見到陸游去年在沈園亭壁的悔恨詞句，回家之後便因傷心過度，一病不起而過世。聽到林徽因愛上別人的告白，梁思成從舊三角進入新三角，即便大器地向林徽因表達「你是自由的」，但是兩人婚姻變得彆扭了，感情的事，梁思成的內心更壓抑了，日子過得更加深沉了，他把自己埋入更深的建築世界，是心思的逃避，全然對建築更專注了。然而林徽因的身子，變差了，每況愈下。

你的潛意識不能轉移到別人，說說梁從誡的「反叛」

梁思成與林徽因育有一兒一女，兒子梁從誡，女兒梁再冰，「再冰」是紀念祖父梁啟超。自稱「飲冰室主人」的梁啟超，死於孫女出生同一年的春天。梁啟超是清朝末年戊戌年維新變法領袖之一、新文化運動驅動者，為民初重要的知識分子與政治人物，是康有為弟子。

梁再冰出生於一九二九年，梁從誡出生於一九三二年，他們都誕生於北平的北總布胡同的一個四合院，鄰居無白丁，都是著名的學者，有錢鍾書、楊絳夫妻，沈從文、張兆和夫妻，哲學家金岳霖等等，他們常常是「梁家沙龍」基本座客。

梁從誡，取名的初衷是喜歡古建築的爸媽希望兒子能繼承衣缽，所以取名於北宋建築大師李誡，期待兒子未來能為中國的建築事業增光加彩。

兒子出生這一年，林徽因為了他，做了一首詩〈你是人間四月天〉，雖然太多人「猜說」這是悼念徐志摩的，但是梁思成堅持說道，這是她寫給幼兒從誡（一九三二年八月四日）的詩作。我的解讀是，徐志摩剛死（一九三一年十一月十八日）之際，林徽因在悲慟中的性愛，她應該有潛意識「把徐志摩『生』回來」。懷胎九個月後，除了對新生兒的親情，她也把深深隱藏的愛情，揭開了一點點：

我說，你是人間的四月天；
笑聲點亮了四面風；
輕靈在春的光豔中交舞著變。

你是四月早天裡的雲煙，
黃昏吹著風的軟，星子在無意中閃，
細雨點灑在眼前。

那輕，那娉婷，你是，
鮮豔百花的冠冕你戴著，
你是天真、莊嚴，你是夜夜的月圓。

雪花後那片片鵝黃，你像；
新鮮初放芽的綠，你是；柔嫩喜悅
水光浮動著你夢期待中白蓮。

你是一樹一樹的花開，
是燕在梁間呢喃，——你是愛，是暖，
是希望，你是人間的四月天！

名字從誡？容許我掉一下書袋。話說宋朝李誡在元祐七年（一〇九二）升職為「將作監的少監」，負責建築工程，任職十三年，期間主持營建較大建築有五王邸、辟雍、尚書省、龍德宮、棣華宅、朱雀門、景龍門、九成殿、開封府廨、太廟及欽慈太后佛寺。因表現優異，屢獲晉級，從少監升至中散大夫，連升十六等。甚至在大觀四年（一一一〇），完成《營造法式》一書，交給宋哲宗過目。這一年李誡去世，同年去世的還有晁補之、晏幾道。

也是元祐七年，蘇東坡因烏臺詩案謫居黃州後，對人生有深一層體悟，在藝術表現上，展現了平實曠遠的意境。果然，不同的人都會找到自己對仗的宋代古人，我是蘇東坡的信徒，梁思成則欣羨李誡，那個雨過天青的年代，人才輩出。

梁從誡五歲時，由於時局的動盪，抗日戰爭爆發後，梁思成夫婦不願在日本人統治的北平下苟活，於是拖家帶小地前往大後方避難，當然，日常生活條件不同了。

戰爭結束之後，於一九四六年七月，他們一家回到北平，生活回歸平穩。同一年，梁思成與林徽因創建了北京清華大學建築系，梁思成為首任系主任。同時，期待梁再冰、梁從誡姊弟倆能同時考取建築系，繼承衣缽。巧的是姊弟兩人同時以兩分之差與清華建築系失之交臂，梁從誡進入歷史系，姊姊再冰則在西班牙語系上課。

父母對於「有建築天賦的」梁從誡寄與厚望，不想梁從誡「不喜歡建築，喜歡歷史」。原來梁從誡童年在戰爭逃難奔波的養成過程中，對歷史有了興致，引發他在大學選擇專業時，以兩分之差，樂得轉學進入北京大學學習歷史，遠離父母的傳承壓力。文革之後，回到北京的梁從誡在「文化書院」擔任導師。

梁從誡教書期間，閱讀到一位環保學家的文章，論述中國鄉鎮企業的發展，將成為遠大影響的隱患。一九九三年，他開始成立中國第一個民間環保組織「自然之友」並擔任會長。那時，梁從誡早已邁入花甲之年，走上環保的道路，成了「中國民間環保第一人」，二〇〇五年獲「綠色中國年度人物」獎，行行出狀元。

為何要輕描細寫梁家父子？想要說一些潛意識觀念。

梁思成、林徽因希望兒子「繼承家業」，這是許多父母相同的寄望，擺明的「意識」。梁從誡卻選擇了自己的道路，是「潛意識」的叛逆結果，他知道眼前父母的事業成就，也知道父母「不相愛的假象」，遠離建築學，或許遠離父母的學術天花板壓力，也可以「眼不見」父母之間「陌路情感」的痛苦。

他要的是自由的空氣！關於梁從誡的叛逆，沒有順從父母的安排，不管是讀歷史、走環保，我以為他的潛意識一定有反作用力。年長後他的潛意識，更加疊了他憎恨父親晚年的「再婚，對母親的失節」，對於老父親對母親的背叛——母親死後幾年，梁思成娶了年輕的林洙。而林洙在當時世人眼光是不堪的，對於老父親是臨老入花叢的猥瑣與虛弱，梁從誡從沒原諒過父親。

林徽因去世時，梁思成五十三歲。七年的孤獨與寂寞，我以為或許是解脫。一九六二年，六十一歲獨居的梁思成與林洙結婚。林洙在梁思成的眾多朋友們眼中是「有爭議的人」，從家人、朋友、其他學者到學生們等眾人，都堅決反對他與林洙再婚，眾聲喧譁，張奚若甚至公開揚言「絕交」，劉敦楨則寫了一封僅有「多此一舉」四個字的信，那是點到為止的抗議。

六十一歲的他在想什麼？大叔梁思成的潛意識究竟是什麼？有些人是不耐孤獨的，他的長年「愛情失落」可能積累了巨大負能量。話說林徽因在世時，年輕的林洙是她可以進閨房的學生，後來提拔她成為建築系的職員。當林徽因去世後，幾年之間，林洙「有心機」地常常藉口到梁思成書房幫忙資料整理，刻意滯留到夜深，甚至「獻身」，讓寂寞的大叔梁思成再度有了魚水之歡，享受百般尊崇與服侍，那是「昔日貴公子回歸」的「低級」性愛歡愉。

有人問他，這兩段婚姻有何不同？梁思成終於說出了：「與林徽因在一起深感壓力。」壓抑的潛意識盡在不言中。

看見，就是力量！

如果，我再多說幾個如果。如果林徽因與真愛徐志摩一起白頭偕老，如果梁思成沒有娶林徽因，如果林徽因後來改嫁金岳霖，如果理工男梁思成愛的不是女神，如果誰與誰沒有相遇，如果沒有量子糾纏……。

如果能早一點真正清楚看見自己潛意識痛苦，梳理出量子糾纏的生命雨季，就具有「恍然大悟」與「我受夠了」的扭轉力量，能看到人生的天青色……那該有多好。

我以為，如果退休前，如果可以即時挖掘出自己的潛意識，勇敢地洞悉過往人生的暗黑縱橫網絡，明瞭那些關鍵時刻抉擇的理由，我們則將從不惑境界，「順利」地跨入知天命的旅程。林徽因、梁思成的一家老小是如此，我們的人生也是如此，潛意識真是個大學問。

如果，前半生是雨季，後半生是天青，我們的靈魂地圖要如何自己彩繪？身為心理學麻瓜的我，或是你，如果多一點洞悉自己的潛意識、察覺行為背後的動力，生命中的許多選擇或許就會有更多思考，結果不一樣，命運就不一樣了。

這就是我想說的「思想的量子糾纏」：當多懂了一些關鍵字、知識、細節，我們就可輕易地進入了一道道「思考小徑」，一路上陌生的生命風景，不知不覺就清晰了起來。所謂天青色般的幸福，就是這樣建構起來的。

5 用上游的血喊下游的血

詩人余光中有首詩〈抱孫〉，那是他晚年的親情詩，描寫了初降人世的外孫，小娃兒的純真之美，外祖父流溢著掩飾不住的喜悅之情。

除非是貼身將你抱住
最最原始，用體溫，用觸覺
用上游的血喊下游的血

來談談隔代教養，祖孫相處的「終極美好」況味。

蘇東坡出生時，祖父蘇序六十三歲。話說蘇東坡的出生，父親蘇洵是開心的，家裡早些年有一個小男嬰夭折了，現在終於如願以償。可是二十七歲的蘇洵正面臨巨大的精神壓力：他的哥哥蘇渙考上進士、老婆娘家的哥哥也考上進士，兩家是姻親，雙喜臨門。

依據史料，蘇洵沉默寡言、脾氣剛烈、思想獨立、個性古怪，不是個好相處的人，他是二十七歲才認真向學的大學者（列名唐宋八大家之一），有著至高的文名，他的名聲並沒有完全被兩位出眾的兒子所掩蓋。由於蘇東坡出生，在期待給新兒有個榜樣，與功名缺缺羞恥心之下，蘇洵開始認真對待科舉考試，所以對小蘇軾、小蘇轍的童年而言，他是「缺席的父親」。蘇洵沒考上進士，不久就焚燒自己平常的文章，又經過十多年的閉門苦讀，心得大增，學業大進。

蘇軾、蘇轍除了母親的撫育，祖父在他們的童年時，起了很重要的「隔代教養」，那是一輩子受益的「身教」。祖父年輕時又高又俊、健康強壯，愛喝酒，為人豪爽慷慨。雖然他是文盲，但是豪爽有遠見，蘇東坡曾說童年時住在鄉下，有大片土地。豐收年，祖父不像別人囤積食米，卻用白米換稻穀，與他人相反，存有四千石。他人都納悶蘇序是怎麼想的，直到有一次大飢荒，他開倉放穀，依序給族人、姻親，再分給佃農和村裡的窮人。

他衣食無缺，常常購買樹苗植樹，尤其是松樹。老先生帶上兩位孫子在山坡上大量種樹，年年如此。蘇東坡曾說有十多年時間，祖孫親手栽有數萬株，《東記》中有「予少年頗知種松，手植數萬株，皆中梁柱矣」的記載。

祖父無憂無慮，常常帶著酒壺和朋友四處閒逛，坐在草地上享清福。偶而攜上孫子，大笑大喝大唱。蘇東坡並未遺傳到祖父的酒量，但是繼承了他對美酒的喜好。祖父具有特殊的身心活力、廣大的心胸，以及強烈果斷的正氣。我們可以說，這位文盲祖父的智慧潛伏在他的血液中，後來卻在兩位孫子身上開出了奇花異果。

七歲時父親去世的辛棄疾跟祖父辛贊

先來說說北宋，「靖康之難」後，中原被金人占領，國號改稱「金」。山東濟南辛贊是北宋末年的進士，辛棄疾則是他的孫子。北宋滅亡之際，辛贊為家計所累，未能脫身南下，無奈只能帶著家人生活在「金」淪陷區。「以族人眾多未能脫身南下，遂仕於金」，他在亳州譙縣任職縣令。

想想，當家鄉淪陷於女真人鐵蹄下之際，大部分的尋常百姓，無法像有點身分的大戶人家、北宋的官兵，跟隨皇室往江南逃去。在北方淪陷區，百姓經過幾輪屠殺、掠奪之下，起身抗暴，組織義軍，或是三五青壯年藏身暗處，俟機打擊侵略者。百姓所激起的頑強鬥志，起初風起雲湧，但是時間久了，當一支支義軍被殲滅，甚至在懸殊實力之下全城被屠，反抗的力氣漸漸歇消了，大家開始緘默過日子。

辛贊的兒子辛文郁，在辛棄疾七歲時傷重身亡。死因：辛文郁帶領族人偷偷練兵，期待有朝一日能把金兵趕出家鄉。不料在一次練兵時，被金兵發現，他在對抗殺敵時身中金兵毒箭，幾天後毒發身亡。辛文郁的妻子承受不了這樣的打擊，一個月後抑鬱而死。辛棄疾成了孤兒，自此他隨著祖父辛贊。

南宋隔個長江暫時站穩政權，立杭州為首都，稱之「臨安」。而北方後來的發展：女真朝廷開始任命一些漢族讀書人當官，意圖借用他們的聲望和儒家的政治體系管理百姓。於是，有些漢人的官員，「屈身事敵，氣節敗壞」。但是，也多虧了他們的周旋，從身家安全，到中原的民族文明與百姓的生活文化，在飽受摧殘之餘，仍保存了些許生機。我們可以嚴苛地指責他們無法保全「忠孝節義」，可是當歷史長線展開時，忠奸對錯，誰說得清？

辛贊就是這樣背景的讀書人。面對國破家亡，死，不容易；活著，也艱辛。辛贊以「身在曹營心在漢」的身分，暗地裡收集著情報，等待「反金復宋」機會。這種「詐降兼無間」策略，是孤立無援的高風險，除了忍受罵名，也要承受漫長的精神煎熬。

我們還原一下歷史。辛棄疾出生這一年，離「靖康之禍」已有十四年了。

辛棄疾出生於一一四〇年，是南宋的紹興十年，也是北方金朝的天眷三年。南宋由三十四歲的宋高宗趙構掌政；金朝則是二十二歲的金熙宗完顏亶執政，他是開基皇帝金太祖完顏阿骨打的嫡長孫，也是金朝的第三任皇帝，已經執政四年了（十七歲登基）。或許完顏亶太年輕，或許前朝老臣權勢熏天，左右朝政，他一直等到完顏兀朮（與岳飛常常捉對廝殺的那一位金朝出將入相的權臣）去世，完顏亶在三十歲才開始親政。

一個動蕩的時代，南北對峙。兩國常常開戰，又時時議和，辛棄疾生於金朝統治的山東歷城（今濟南市）。由於在金人統治的北方長大，辛棄疾多了燕趙的俠義之氣，少了南方人那種容易使人循規蹈矩的傳統儒家味。年輕時，他的祖父常常帶領他登上高山，遠眺故國大好江山，培養他對祖國宋朝的嚮往。那些北宋滅亡的慘痛歷史，幽幽地在他的學習過程中烙入靈魂深處，成了潛意識。

十五歲的少年才子辛棄疾，被金朝的歷城官府推薦參加燕京的進士考試，祖父鼓勵他參加，卻也叮嚀孫子「隨計吏抵燕山，諦觀形勢」，在往燕京途中，多注意一路的地理形勢與金朝的政府內部狀況。雖然落榜了，但多了考察的心得。十七歲時，辛贊死了，年輕的辛棄疾發誓繼承祖父的遺志。

十八歲的他結婚了。也再度赴燕京應試，還是不中，但辛棄疾有了更深刻地對金朝內部的洞悉。二十二歲，金朝爆發大事件，他疾行跳入歷史的大漩渦，成了歷史上了不起的軍事家、詩人。

王守仁，父親王華是狀元，童年都跟著爺爺王倫

古人有追溯先祖的習慣，是哪個名人誰誰的幾世孫，或是說，有炫耀基因的潛意識吧。說說明朝的王守仁，他的父親王華是成化十七年（這是明朝第九代皇帝明憲宗朱見深的年號，西元一四八一年），辛丑科的狀元郎。當然，要抖一下王家祖譜，如果說與遠祖王羲之，相隔千餘年，時間太遠了。近的說，王羲之往下至二十三世孫王壽（王守仁的祖譜、墓誌銘都有記載），王壽從達奚遷徙到餘姚，自此，王家世代都成了餘姚人。

王壽的第五代孫王綱與劉伯溫交往親密，兩人曾有對話，王綱說：「你是個有抱負的人，而老夫只愛隱居山林之樂。」但是劉伯溫硬是把王綱舉薦給朱元璋，所以七十二歲的王

綱以文才被召到京師，一派仙風道骨。朱元璋驚嘆地請教治世之道，之後，官拜兵部郎中。自此王家與大明朝廷有了關聯。

人稱「龍山先生」的王華考上狀元，外溢的效應是，他知名度變高，過去生活被關注，舉止備受矚目，升官得快，政務會很忙，沒有時間照顧家人。也就是說，從備考開始到高中狀元，對小王守仁而言，「缺席的父親」就是他的童年生活樣貌。

話說考中狀元前十年，二十六歲的王華結婚了。

次年，王守仁出生。傳說王媽媽懷胎十四個月，才生下了王守仁。祖母岑氏當天做了一個奇怪的夢，夢中有一隊身穿緋紅衣的天神，腰佩美玉，從雲中冉冉飄逸而來，吹樂擊鼓，曼妙無比，神人把懷中的嬰兒遞給岑氏。岑氏一喜，從夢中驚醒，耳際剛好傳來嬰兒出生嘹亮啼哭聲。在如此神幻色彩誕生的幼嬰，祖父王倫在奇異之餘，便給孫子取名「雲」，近鄰鄉親也競相傳誦此一稱奇之事，大家甚至將王雲出生的房子稱之「瑞雲樓」。王雲就是王守仁的本名。

可是，小王雲到了五歲的時候，仍然不會說話，家人暗暗著急。一日他在門外與一群孩子戲耍玩樂，正好有一高僧路過，他看見了王雲容貌，嘆氣說：「好好的孩子，可惜被道破。」祖父王倫聽聞此言，驚醒夢中人。

改個什麼名字呢，既然不能說破，那就守之。祖父想到《論語．衛靈公》中有「知及之，仁不能守之；雖得之，必失之」的句子，意思是說：人有了才智，卻沒有仁德看護；雖然得到了，也一定還會失去的。

王倫連忙給孫子改名為王守仁。幾乎是同時，五年都不能開口的小王守仁說話了。這種近乎怪談的改名故事，在稗官野史裡，總讓人嘖嘖稱奇。

會說話了的王守仁，幼童時多與祖父相伴（父親因為需要索居備考，苦讀他鄉），一日竟然朗朗背出王倫曾經吟讀的書文內容。祖父得知小孫子在一旁聽誦，便可暗自記牢，自然欣喜幼孫聰慧如此，疼惜之餘，更加用心指導他的文學知識、吟詩作賦。王守仁的基礎教育多得自祖父，而他也被鄉人稱之「神童」。

王守仁十歲時父親高中狀元，次年與祖父前往北京省親。途經鎮江，當地文人聽說狀元的父親到此，高興之餘，想見識王倫的才學，就以鎮江的「金山」為題，請王倫即興賦詩一首。只見王倫手捻鬍鬚，苦想冥思，好一會兒還沒有詩句吟來，場面尷尬。正在這時，十一歲王守仁出來救場，當即高聲吟出一首〈金山〉詩來：

金山一點大如拳，打破維揚水底天；
醉倚妙高台上月，玉簫吹徹洞龍眠。

眾人叫好，但是內心不服，他們認為這是王倫事先安排的，有作弊之嫌，於是以〈蔽月山房〉為題，讓他再賦詩一首。小王守仁沉思片刻，隨即高聲吟誦起來：

山近月遠覺月小，便道此山大於月。
若人有眼大如天，當見山小月更闊。

到了北京，十二歲的王守仁在父親的安排之下進入私塾讀書，這位「愛思考」的小學生，問塾師：「何謂第一等事？」老師說：「只有讀書獲取科舉名第。」顯然他不同意老師的答案，回說：「第一等事恐怕不是讀書登第，應該是讀書學做聖賢。」

盤點王守仁的小跟班歲月，他十二年來與祖父同進同出，雖然與父親交集不多，但多學得了自稱「竹軒公」王倫的身教，除了領略祖父「學識淵博」，也耳濡目染了鄉人對祖父的讚譽：「雅歌豪吟，胸次灑落」。少年王守仁從不循規蹈矩，所有史冊記載都說他自少「豪邁不羈」。他一輩子磊落與豁達，努力專研心學。跟「老好人」鄉愿相比，王守仁更欣賞狂狷之士。如此個性的養成，必然與祖父息息相關。

電影《盛夏獅王》，兩位老舅公與小外甥彼此的救贖

二〇〇三年的電影《盛夏獅王》（*Secondhand Lions*），英文片名是個奧妙隱喻，Secondhand 的本意是二手貨，也是折舊的、使用性已經不高的、光華已逝、歲月老去的意思。Lions 複數，除了所購買的一隻老獅子當是寵物，劇情中兩位「似乎在等死」的老人家，他們也

是「二手獅子」。

劇情從十四歲的華特一個災難的暑假開始。他的生父不詳，不負責任的母親總是跟渣男鬼混同居。小華特這次被母親丟包在德州一個地廣大荒的農場，他被迫與兩位完全不認識、也毫無糾葛的舅公一起生活。兩位舅公有著各種不羈、桀驁的行為，但是他倆卻隱藏著不為人知的英勇豪傑往事，只是現在垂垂老矣的兩人，每天午後坐在屋簷下搖椅，腿上橫擺著一支長槍，「不要靠近我」意圖明顯，日復一日索然無味地過日子。

小男生華特從怯生生，漸漸了解眼前這兩位老人的行為，甚至天真地看待他們過去那些宛如奇譚的往事。兩位舅公在言語中所形塑的驍勇精神，在他們年邁的體態上、眉宇中依稀可見。他人覺得荒誕，但是小華特卻深深嚮往，就像蓋伯舅公說的：「你要相信人性本善。」

小華特在相處中，看見了兩位舅公的為人，不是古怪，不是執拗，只是天馬行空，帶有英雄般的神奇，慢慢地對他們過去荒謬的往事信服了，「什麼事情是真是假，就看你決定相信什麼」。即使華特已經被教育成一個不輕易相信別人的小孩，即使舅公們說的話沒憑沒據又像異想天開，但故事的結尾還是賦予了信任的真正價值，一個能讓人重新再去相信世界的力量，也是最難能可貴的人性。

暑假結束，母親與情夫來到農場準備把華特接走。臨行時，兩位老人家內心深處已經認同這位外甥孫，捨不得他走，但是酷酷的談吐卻沒有洩露任何心情。另一方面，小華特也依依不捨，捨不得上車。半途，小華特決定跳車，回返農場與兩位舅公同住，母親當然樂意放手「拖油瓶」，她不選擇責任，選擇自由了。

拉著行李徒步重新回到農莊，兩位垂頭喪氣的舅公眼睛一亮。小華特提出「同住」條件是剛買的單引擎飛機，太危險了，你們不準使用。「你們要給我好好地活著，直到我上大學！」

兩位舅公、二手獅子，他們都曾經勇猛，也都經歷衰弱。在他們晚年時，老人變得固執、任性。但是當與小外甥孫相遇相處，彼此成了坦誠相對的老少朋友，兩老心境顯得年輕多了，開始為了摯愛的外甥孫與夢想奮鬥著，彼此努力陪伴著。夕陽無限好，他們留下關愛與精神，成了華特幸福的潛意識寶藏。

電影《美好的一年》，說的是可以釀造出美酒的好年分

二〇〇六年的電影《美好的一年》（*A Good Year*），新加坡譯名為《美好一年》、香港譯名則為《醇美年華》。電影劇情分兩段敘述男主角麥斯・史金納的童年與長大之後。

童年時的小麥斯到了位於法國東南方普羅旺斯的葡萄園，投靠亨利叔叔（英文 uncle，影片中應該是老伯父），在那裡度過愉快、豐盛的長暑假。當年，好奇心旺盛的小麥斯，從老叔叔那學得生活步調、起居細節、對紅酒的興趣，甚至對生命的詠嘆。同時，也對葡萄園工人的生活節奏、鄉野生活美學有了新鮮體驗。整體來說，小麥斯在這個暑假裡，學習了該如何體驗生活中更美好的事物，他堆疊了人文品味潛意識。

這個完美的暑假，所有的感受隨著歲月流逝，漸漸隱身在小麥斯潛意識裡。導演所說的A Good Year，說的並非是小麥斯的長暑假，它還不到一年。他想表達的是「那一年，是適合生產好葡萄酒的年分」，隱喻小麥斯來到普羅旺斯「那一年」，與老叔叔生活，一老一少，宛如是葡萄風土條件「最理想」的年分。而小麥斯當年的體驗，形成潛意識，日後也會「被釀成美好的紅酒」。

麥斯長大後，由羅素．克洛（Russell Crowe）飾演。他的人設是，滿身銅臭卻老用昂貴酒食顯示身分，成功地在倫敦金融界利用人與人的信任與欺騙，操弄股市賺了很多錢，與人交往態度傲慢跋扈。就在他因違反證交法被停職之際，同時因為老叔叔的過世，為了接收所贈與的莊園遺產，回到了小時候曾居住過的法國葡萄酒莊園。

他急著想要賣掉葡萄園，完全不管那些依舊悉心照顧葡萄園的員工苦苦哀求，也不管老釀酒師努力釀造出名為「失落的角落」——極高檔的村名葡萄酒。話說在普羅旺斯葡萄園區裡，有少數人會犧牲較多種植面積，培養超小面積葡萄植栽，然後等著「美好的一年」來臨，眾人就盼著這一年，有適當的雨量、氣溫、風流，可以釀出像「失落的角落」

般量少價高的超級美酒。但是，麥斯不管這些，他堅持速速脫產。

幾個陰錯陽差的意外，被耽擱幾天的麥斯，在莊園憶起了很多小時候的暑假美好經驗，找回那早已遺忘的亨利叔叔所展現的優雅與自在，以及人與人之間的信任感。慢慢地，在他的身上出現了一些改變……如同小時候「美好的一年」所釀造的葡萄酒，經過了顛仆歲月，現在正是品嘗的好時刻。

電影《新天堂樂園》，讓一老一少重新拾起愛的故事

一九八八年的《新天堂樂園》（*Cinema Paradiso*）是義大利導演朱賽貝・托納多雷（Giuseppe Tornatore）所執導的一部電影。它是許多電影迷會列入「這輩子一定要看的一百部電影」之經典前十名。故事描述西西里島上的吉安加村有一座小教堂，教堂前有一家電影院「天堂戲院」。單親家庭的小男孩多多，喜歡到那裡看老放映師艾費多操作機器。

「雋永的深意和韻味」是觀眾與影評們留下共識的讚美。

這部電影有太多值得註解的地方，但是我僅想用小多多的視角，看那一老一少的「情誼」，我認為那是隔代教養裡最美麗與動人的地方，不管有親情關係的，或像是放映師與多多之間的慈愛與仰慕。

黑暗中，電影的光影就像是古早洞穴中的「搖曳火光」。小鎮的天堂電影院，對孤兒多多而言也是洞穴，他在洞穴中「觀看像是皮影戲演出」的魅力趣味。小多多離開家中的沉悶，在銀幕上看到了槍林彈雨的戰爭新聞、逗趣俏皮的卓別林，也不乏甜蜜蜜的愛情片等諸多豐富情感與多彩景觀。對一個孩子來說，電影院是既真實又虛幻的。

艾費多和多多漸漸發展出近似父子的情誼，這是十分迷人的關係，一個獲得了慈祥長輩的智慧與愛，一個重新拾起已經遺忘多年的赤子之心。

艾費多認為自己播放電影的工作，讓他像個孤單的奴隸，但他期盼多多終有一天能夠「離開洞穴並看見太陽」，走出去，離開小鎮去見識世界。他仍選擇傳承放映技術給多多，畢竟艾費多想要引導小多多走出洞穴，得先讓他明白自己身處的這個小世界是如何運轉的。經過一些事件之後，他鼓勵多多離開小鎮，即使多多仍有許多眷戀，艾費多堅決地對他說：「不要回來！不管你最後要幹什麼，熱愛它。」

愛，有時候要放手。老人都知道要鼓勵年輕人去飛，即使自己有多麼不捨手上牽引風箏的線頭。

收起好為人師的心，把自己當是「美好的一年」美酒釀製師

在網站「幸福熟齡」中，諮商心理師林靜君談到「老害」議題。她論述「人老是怎麼了嗎？」列出網路裡普遍抱怨老人們令人反感的行為，林林總總。文章的標題：嘮叨、情勒、倚老賣老……不想老後「顧人怨」，中年開始修行！掌握「三多三少」原則，當個不討人厭的大人。

我不想討論「老害」，而是要「試想」有一天，你的孫子要來跟你度過一個暑假的情境……你會怎麼安排？你有能力規劃出釀造美酒時，所需要的土壤條件、降雨量、日照、天氣、氣候等因素？我說的是生命裡的「風土條件」，不是真正的大自然掌控。用上游的血喊下游的血，可以創造出「美好的一年」的深層記憶？

父母與學校的教育有其必要，但是祖父、祖母能提供的，應該是更高的曠遠與豁達，更深邃的品味與善良。《蒼鷺與少年》（君たちはどう生きるか）是八十二歲宮崎駿重返出發點之作，也是對自己人生的回望。他說這部影片要獻給孫子，是他留給孫子的生涯最終之作。

他想告訴孫子：「爺爺即將要到另一個世界去了，但我給你留下了這部電影。」

假設，如果你要創造一個與孫子（孫女）好好相處的暑假，不是帶他到處旅行，不是買許多冰淇淋討好他，當然也不是倚老賣老的嘮叨。可能要想想《蒼鷺與少年》的故事心得，逆向思考，再藉由十五歲少年的視角，來看待這個充滿疑惑的世界。「有些事情在課堂中可以馬上得知答案，但有些事情卻需要花費人生很長的時間去體驗、去嘗試，在經歷失敗與痛苦中成長，在淚水與汗水中妥協，這是生而為人的必經之路。」

陪同、身教、傾聽、彎低身子以平視的角度，彼此高度相同相處，像是小華特的兩位舅公，老人依舊做自己，但是坦誠分享自己過去的壯闊波瀾故事，以及現在的心事。也可以像是小麥斯的普羅旺斯老叔叔，分享自己的生活品味，即可！如果你是天堂電影院的老播放師，那就送他一張小板凳，讓小多多可以站得更高，墊高視野，看到更多外面的世界，鼓勵他飛。

最後，請看看《佐賀的超級阿嬤》（佐賀のがばいばあちゃん），作者島田洋七表達的是「悲哀之後，幽默與豁達是解藥」。話說日本戰敗後，百姓的生活非常艱鉅。作者八歲時與阿嬤相依為命，八年期間，他從阿嬤的「窮得開朗」哲學中學得豁達，從阿嬤的智慧中學得溫柔的力量。當作者以相聲為職業時，他是以「發自內心的幽默」受到歡迎。

我以為，隔代教養最高境界就是「豁達」！

6 那個歲月的外公與外婆，還有衣缽

二〇二三年十一月，《暖綠之旅》書寫完成，手繪每一種樹葉也接近殺青，最後還剩一些待補的老樹照片。年底，我到了台南龍崎，拍攝最後一張「兩百五十多歲的土芒果樹」，檔案交付有鹿文化，大功告成，靜待新書付梓。

我在土芒果樹下，發現樹腰有五年前的身分告示牌，台南市農業局珍貴樹木列管編號：二六〇；樹胸圍四．五公尺。讓我驚喜的是，這株老樹的故事與余清芳事件（西來庵事件）有關。話說一九一五年的余清芳事件，是日治時期五十年間規模最大、人數犧牲最多的一次武力抗日活動。在玉井交戰後，日本軍警針對余清芳等人逃亡藏匿的山區，進行嚴厲殘酷的搜捕行動，許多龍崎、新化、玉井、楠西附近百姓被殺，民房被焚。

余清芳事件歷史資料說被屠村、滅庄、殺頭者不計其數。相傳在龍崎（事件後改設火藥兵工廠）有上百名村民遇害。屍駭則被善心人士掩埋於此百年土芒果樹附近，鄉野傳奇，本地從此陰氣濁濁、鬼火幢幢。於是人們在這株大樹附近，插上綁著紅帶的竹子祭拜亡魂。最後創建一座小小土地公廟，以供鄰近人士參拜。這是一百一十年前的往事，如今老樹已經近兩百五十歲了。

同時間，在尋得這個故事前兩天，小表弟傳 LINE 說：「外公在日治時期曾經坐牢九年，我們只知道因為抗日，但不知真相。現在找到文獻了，確定是余清芳事件！」當我覓得老樹告示牌當下，展開雙臂擁抱、撫摸著巨碩老樹，突然有一種特殊的連結，心中為之一悸，鼻腔為之一熱。

隔代教養之後，我想談談我的外公、外婆，那個年代大家曾經相似的歷史過往，也梳理我們這一代深藏的潛意識。

香菇魷魚冬筍湯：已經傳了五代的年夜飯

春節前，台中的堂弟寄來一箱冬筍，真是令人振奮的家鄉山珍食材。這是我第一次受饋此冬季珍饈，真開心。我立刻詢問家姊：「我們以前年夜飯，媽媽總會煮最受我們歡迎的冬筍湯、滷筍乾，你有食譜嗎？」

我備好魷魚乾、香菇、蒜苗，依著食譜和當年在母親身旁擔任助手的殘餘記憶，挽袖動手。冬筍趁新鮮剝殼（這個技術我非常嫻熟），再削去筍肉外皮的細毛。筍頭的部分以滾刀切成薄片，一邊微厚，一邊更薄，筍子上半尖頭則規矩切得均薄。所謂「薄」，大概就是一釐米上下刀功。

關鍵：把水燒開了，再放入筍片，否則會有咬舌頭的感覺，鮮脆減弱。湯水滾開後撈掉細微泡沫，再轉小火煮約一個半至兩小時（可以加點米酒一起煮）。我把煮好的筍湯原液與熟筍片分成四部分，三部分放冰箱，留四分之一準備 Part 2。

排骨先汆燙過。香菇、魷魚以水泡開再切片，與排骨一起入鍋熬煮（適量水），這時可以將已經煮熟的筍片與原湯一起入鍋，加鹽調味。熬煮時間約半個小時即可。關火前，同時加入切段的蒜苗，鍋蓋不動讓蒜苗悶一下，即可端上桌。我得意地跟家人炫耀「與母親所煮的，相似度百分之九十」，自嗨「終於有繼承到手藝了」。

我突然靈機一問：「不知媽媽小時候，外婆家是不是也煮這道冬筍湯當是過年菜？」也就是說，媽媽嫁到王家，也把這一菜傳承了。姊姊回答：「不知耶！應該是竹山人煮筍的食譜吧！大家邊煮邊實驗，隨著年代也做了一些演變吧！」她又補上一句：「我猜的。」兩天後我打電話給八十八歲的小阿姨，問她冬筍湯與她們年輕時的年夜菜有無關聯？答案竟然「是的！」小阿姨結婚後也把冬筍湯、滷筍乾帶到了夫家！

這一道香菇魷魚冬筍湯，從外婆開始烹調，不知不覺成了傳承，已經餵食過五代人了。我甚至懷疑外婆童年時，年夜飯也有這一道湯品。我說，這是衣缽。

魷魚螺肉蒜：這道酒家菜是回憶外婆的契機

外婆本名叫林幼，她是日治時期的美食料理家，富家的女兒，而我間接傳承了她品嘗美味的能力。

二〇一七年，我在《聯合報》副刊有篇稿子〈我的美食基因的上游〉，文章從「魷魚螺肉蒜」開始說起。二〇一六年「浩克慢遊」前往大稻埕、北投，在北投吃到了這道酒家菜，幾個月後，「一個假日晚上拜訪了鄰居的新宅，主人準備了一些下酒菜，豐盛中有迎客熱情。其中一道魷魚螺肉蒜，當鮮好湯味甫入口，那種若有若無的記憶悠悠醒來。一面大快朵頤，一面也思想起『這是我童年時，母親宴請客人的拿手菜啊！』」

童年時，因為母親可以輕易地燒出一桌佳餚好菜，加上父親好客，家裡屢屢有父親的同仁與朋友圍繞一桌，杯酒盡歡。我的父親任職竹山國小，他是學校裡受歡迎的老師，總有一些單身老師偶到家裡蹭飯，對母親而言雖是困擾，但她總能信手捻來變出一些我們平日沒吃過、沒見過的菜色。年紀還小的我，不知這樣的宴客會造成家中經濟負擔，但我總喜歡待在廚房當個小幫手，一方面也好奇母親廚藝的百變神奇。過去從來沒有思考過，一位出生於竹山小鎮郊外村落的「非世家名門」的母親，她的廚藝從何而來？為何她有理解美食中五味平衡的非凡技巧？

富不過三代，就不懂吃穿。我不是美食家，因為寫作的關係，自我介紹裡總說明著：我是美食文化的考古工作者——「食記家」。

吃過鄰居魷魚螺肉蒜的第二天，我與在台北的母親通了電話。當時母親年事已高，新的事物老是忘記，可是「回憶」還不是問題，我問她當年怎麼會煮這道美食？味道記憶太神奇了，童年家中宴客時，客人總把這大碗吃得精光，我們姊弟毫無機會吃到菜尾。好在母親總是先預留一份讓我們解饞。當天電話裡，母子叨叨絮絮談著這件事，她猛然想起來了（母親已經有初期失智現象），說著她喜歡在湯裡多加冬筍薄片，以文火燉煮兩個小時，讓湯頭增加鮮筍味。對談中，她憶起冬筍的爽脆、螺肉的鮮韌咀嚼感、蒜苗切段下鍋的提鮮味……母親說得神采飛揚。

我問：「你怎麼會煮這道菜？跟誰學的？怎麼可以煮得比北投的酒家菜更精進？」母親的答案是：「我的母親教的！」喔，是我的外婆！除了魷魚螺肉蒜，包含我吃過的滷筍乾、筍乾炆客家大封、日本紅豆炸饅頭、綁肉粽鹼粽、炊製碗粿、老米捲仔粿……等等，母親都是從外婆的廚房學來的。

年輕時，我對外婆印象僅止於慈祥與神奇的收驚本事，也記得她會釀製很甜的葡萄酒，我的喝酒人生是她開啟的，酒量也是她訓練出來的，但少了她與美食這一塊印象。

於是，我開始拼湊外婆的人生與美食，收集一塊塊拼圖……。

我的家庭任務：盡量記錄僅能拼揍的外婆肖像

二〇二四年初，龍年春節未到。看到表弟臉書貼有一張觀世音菩薩像，標題「阿媽的觀世音菩薩像」，這一幀AI菩薩像，前有小香爐插著三炷香，飄出一縷長煙到一座三合院，彩色水墨風格，背景是小農村。

文字裡，表弟說：「阿媽嫁給草屯的外公後，不久生下大女兒，搬遷到竹山延平聚落。一日，有位居士要將一座觀世音菩薩像贈予有緣人。當時這位居士說，燒了炷香，香煙飄呀飄，飄到了阿媽家，於是阿媽供奉此尊神像。後來在神龕下，她開始幫街坊鄰居收驚、卜米卦，頗為靈驗。」

家弟浩威在群組裡留言：「我還記得當年外婆出殯時，村道兩側皆是同鄉香案遙祭的畫面，當時還以為是民間習俗，後來才知道是村民對她的感情⋯⋯。」表弟回覆：「我一直覺得家族中有不少人有『神使』『共感人』（empath）的特質，可能源自於阿媽！」

關於共感人的特質，我與家弟浩威曾經聊過這件事。浩威是精神科醫生、作家與詩人，我是到大叔年紀才開始書寫老年學，逞強自稱是「無照心理師」，我們兄弟似乎有一種「類巫婆的透視他人心理的能力」，也認為這是得自外婆的隔代遺傳。這個「感覺」只能幽微地自我察覺，但是不語他人。如今，表弟竟然說「家族中有不少共感人」，令人訝然……我想，我該電話訪問表親們了，請大家談談心目中「我們的外婆」。

表弟也說：「阿媽生前曾詢問母親（我的小阿姨）要不要繼承衣缽（收驚與卜米卦）？家母對於此事誠惶誠恐，不敢答應，所以沒有傳下來，但仍很虔誠信奉觀音菩薩，這尊菩薩目前仍由家母供俸。」對於外婆神乎其技的收驚本事，我們這些後輩嘖嘖稱奇。

小表妹說：「小時候曾在一旁觀看，阿媽不知跟菩薩祈禱詢問什麼內容，只見蓋起來的米杯不知怎地動了起來，掀開後，杯中的米猶如摩西分海只剩半邊立起，另半邊全空，違反物理概念，大感驚訝。」

另一位長輩也說了小故事：小孩啼哭不止，醫生也找不出病因，這位媽媽慕名找了外婆收驚。卜了米卦，外婆說：「他是受了兇惡猛獸驚嚇，但這猛獸似乎並非生靈，應該是小孩惡作劇。」收驚後果然不再啼哭。這位長輩回到家嚴厲詢問每個小孩，最終小哥哥承認是他做的，原來有人送了一席繡著生動老虎的毛毯，哥哥披著毛毯驚嚇幼弟，結果幼弟啼哭不已。

我曾經詢問過母親為何沒有繼承這門絕藝？她的答案是：「才不要啊，那個太迷信了。」這個我能理解，對於喜歡物理、化學、數學的年輕少女（我母親），學習傳統的收驚實是太沉重了。我以為「隔代遺傳、隔代教養」是很棒的一件事。我詢問母親繼承的事，小心思是，如果你有繼承衣缽的話，我一定樂意向你學習。卜米卦這件事實在是太酷了。

這麼多訊息短時間內湧來，我開始察覺這是不是「訊號」？該把外婆的故事書寫出來？她是有錢人家的女兒，兩次婚姻，再嫁給被囚禁九年的抗日分子。她曾經是鮮活存在的「無照諮商心理師」，非常有意思的社會關懷者，跌宕起伏的白手起家精采人生，一位受鄉里敬愛的靈魂，兩個兒子五位女兒的母親⋯⋯。我自忖，寫下她的人生應該是「外婆的想法」。

我們出生前都有生命任務，只是出生後，滾滾紅塵中我們忘了。直到某一天，就像一溪流水，緩緩涓涓，在溪水轉彎處，有一片浮葉不停地打轉，這時你會想起忘記多時的任務⋯⋯寫出我們的外婆故事，就是當下我的家庭任務。

外婆的小資料：舊時王謝堂前燕，飛入尋常百姓家

外婆林幼居台中大里。她的祖父林丕謨，屬霧峰林家旁系，出生於一八五九年，那年也是咸豐九年、太平天國九年，也是袁世凱的出生年。林丕謨享年五十六歲，生有六男二女。雖是霧峰林家旁系，也是家大業大土地多。我的小阿姨曾經描述外婆娘家的大宅院是「有雕刻的」，有意思的大戶人家描述說法，木建築雕梁畫棟，確實反映經濟實力。

話說，霧峰林家因協助清廷平定太平天國、戴潮春事件（天地會）並參與中法戰爭（一八八四年），戰爭期間組織了「棟字軍」數千精良兵勇，在基隆與大屯山英勇抵抗法軍，因此享有清領時代樟腦專賣權等特權，掌控了中台灣大量的田地，進而成為清領時期以降台灣社會最具影響力的家族之一，也是日治時期五大家族之一。

外婆林幼的父親林秋騰，出生於光緒七年（一八八一）。這一年光緒帝十一歲，慈禧太后聽政。林秋騰享年四十歲，生有二女一男（長男七歲死亡）。

外婆林幼出生於一九〇三年一月八日（明治三十六年），排行長女（林秋騰二十九歲時所生），也是林家長孫女（祖父當年四十九歲）。這位小女娃成了林家的掌上明珠，三千寵愛集一身，頗受長輩們的疼愛。

外婆少女時，有三個特點：喜歡廚藝、不喜讀書、天資穎悟學得卜米卦與收驚本事。林家聘有私塾老師，但她不喜讀書，常翹課往廚房蹭，因而得有一身好廚藝。因為她深受祖母疼愛，常常藏身在祖母外出的轎子（以免別的孫子嫉妒），隨行去探視長工、佃農家裡的老小。如果受訪家裡有受驚嚇或無由哭鬧的小孩，她的祖母便會展開收驚儀式：先膜拜神祇應請幫忙、唸咒語（讀文）及特定手勢等等。小女孩——我的外婆——耳濡目染繼承了衣缽。

迷信？收驚祭解不科學？現代人已經知道，這是傳統社會心理治療，早年無可取代。我和家弟浩威如此定義：「那個年代的心理治療，如同今日身心科醫生的問診、溝通。只是讓病人安定身心的力量，一個是神明、一個是醫生。」

當林幼滿十七歲，奉父命嫁給北屯的廖家，結果婚姻生活非常不幸。次年父親林秋騰去世，十八歲林幼無依失怙，更受到夫家虐待。二十一歲時（結婚四年後）生下唯一男孩，依舊受到先生、婆婆、兩位小姑虐待，宛如阿信人生。二十三歲時，叔叔林秋培去廖家探視她，發現她的委屈與受苦，於是瞞著她「當天幫她離婚了」。與叔叔一起返家的途中，一直以為是「回娘家」的林幼得知「被離婚了」，當下堅持「不回娘家」，反而投靠她的阿姨（她母親張蘭的妹妹——我母親稱呼她姨婆）。二十三歲的她開始為了生存掙扎，打工掙錢，想辦法一個人活下來。

二十五歲時，有媒婆想要幫她介紹「一位被日本政府關過、長她七歲、也離過婚」的草屯人。

外公的小資料：拼湊一位抗日分子的身家

我的外公李象，草屯人，光緒十四年（一八八八）九月一日出生。七歲時，台灣割讓給日本，社會動盪。他的生平，我手上的資料極其有限，也無他的畫像，只有聽得母親、小阿姨口述中得知「他是抗日分子」，被關禁九年，期間被刑求嚴重，因刑求得有腎臟病、一九二四年獲特赦。

我問小阿姨：「你所認識的父親，怎麼形容？」「有錢人家、會漢文、很紳士……」。小阿姨十四歲、我母親十六歲時，父親李象去世，享年六十二歲。雖然我們孫輩對外公形象模糊，但是「抗日分子」真是了不起的意象。我在二〇一〇年出版的《黑瓦與老樹》——介紹日治時期在台南的建築與老樹——首頁寫下：

本書謹獻給我的外公李象，我們未曾謀面。
他在一九二〇年代被日本政府囚禁在台灣某個不知名的監獄中，
為了理念與執著，他付出八年多的青春歲月。
他是一位抗日分子，我的英雄。

二〇二三年歲末，小表弟又傳來《余清芳案中之「台中事件」．初探》官方資料。所謂「抗日說」終於有了明確的答案。因為在日治年代，為何被關？坐牢的始末與細節，父親是不會多說什麼的，尤其是對未成年的女兒們細說。所以我們無法從母親、阿姨們得知細節。有了官方資料，大家終於得知外公參加了余清芳革命武力事件！於是我開始爬梳歷史，在大洪流裡，企圖理解大正四年（一九一五）的大環境，我的外公在這一年發生了什麼事？

大正四年，我的外公的一九一五年

在歷史定錨的一九一五年七月六日「余清芳事件」，也稱之玉井事件、西來庵事件、噍吧哖（玉井的舊地名）事件。當年日本政府將此事件定位為「革命陰謀事件」，出動不符比例武力鎮壓、殺戮、砍頭、逮捕、定罪、入獄、焚燒、滅屍……。對日抗爭中，台灣百姓被殺的人數遠遠超過四千人，那是沉默而哀傷的數字。

主事者是余清芳與江定、羅俊，他們常常集結群眾在寺廟「西來庵」（主祀五福大帝，原址在今日的台南市中西區青年路一二一至一二五號，後遭毀壞。現址為台南市北區大興街一七八號），宣揚抗日活動，玉井、甲仙則是武裝衝突的地點。七月六日雙方武力遭遇後，抗日集團不敵強大的熱兵器與兵力，余清芳率眾占領虎頭山（位於玉井東方，海拔二三九公尺。顧名思義因為山的形狀像老虎頭而得名，是噍吧哖事件的古戰場），當年死傷悲壯，如今山頂建有抗日余清芳烈士的紀念碑。

一九一五年，也是中華民國四年，北京袁世凱擔任大總統，狼子野心，年底前他自立為「中華帝國」皇帝。當年九月，五四時期著名的《新青年》雜誌在上海創刊；革命黨也在中國重新集結；佛洛依德提出精神分析學；土耳其對境內亞美尼亞人進行大屠殺；美國成立NASA的前身NACA……。

台灣的一九一五年五月一日，六十二歲的安東貞美，以陸軍大將身分擔任第六任台灣總督。曾任日本陸軍士官學校校長的安東貞美，就任才兩個月就遇上余清芳事件，他以殘忍、血腥手段濫殺台灣百姓，震驚國際。

事件中死亡人數不計，遍布台灣各地的參與者被逮補者達一九五七人，其中判處死刑者，除主事者余清芳、羅俊、江定外，高達八六六人。之後，在日本國內與國際輿論壓力下，有四分之三改判無期徒刑，少數特赦。我猜外公李象應是被改判無期徒刑其中之一。

余清芳事件主事者之一羅俊，本名羅俊卿，斗南人，史料稱他家世殷富，幼習詩書，曾開設私塾任教、行醫施藥。結識嘉義以北、彰化一代仕紳。

話說事件前一個月，四月初他在彰化地區積極招募參與者，二十七歲李象則是在「萬斗六庄（今霧峰的庄名）黃竹坑山寮」與賴西、賴鍊、黃灶、黃倩等人加入組織。四月中旬集結更多人（當時另有六名革命黨人從中國來），眾人前往佳柔坑（彰化縣大村鄉）的「西天佛祖廟」，吉時焚香，擲筊占卜求問關聖帝君有關反抗日人事業之吉凶。

後來這些人與其他人結合，配合玉井的武裝時間，直接在台灣中部起事，稱之「台中事件」。

兩人年齡差十五歲，搬到東埔蚋，練習在一起

大正十三年（一九二四）八月三十一日，三十六歲的李象與許多獄友被日本政府特赦了。他們已經服刑近九年，撐過長期被刑求的歲月。

出獄的背景：特赦當天是大正天皇的「天長日」（日本天皇誕生日；皇后生日稱「地久日」，得自《道德經》文字），這一天也是日本國定假日。當年的大正天皇，健康狀態差（自幼多病）、精神錯亂狀態嚴重，加上在位期間多次天災人禍。選在天長日特赦天下，廣積陰德，日本政府在幫四十六歲的天皇祈福。

返家的李象，因為有牢獄紀錄，受到家族、鄰里嫌惡，即使是自己的母親、親弟弟也是如此。李象的「更生」是不如意的，僅能胡亂地過日子。他的元配在入獄前已經跟他離婚了，加上無子嗣，出獄後他漂泊如萍，依舊與那些獄友相濡以沫，大家彼此友誼支援。

一九二六年，有人跟他說媒：「林幼二十四歲，出身好人家，剛離婚一年多。」媒人轉

身向林幼介紹說：「李象住草屯，讀書人，被關過、長她七歲、也離過婚。」媒人說謊，家母回憶：「結婚後，我媽媽才發現不是差七歲，而是差十五歲。媒人騙很大。」一位是明治三十六年（一九〇三），一位光緒十四年（一八八八）出生。

組成家室，新妻也懷孕了。李象向弟弟索討財產。這是當年入獄前，李象因逃避日本政府沒收的可能，將兄弟分家時所得的財產，有條件過讓給弟弟。但是弟弟完全否認當年贈予時有但書：「如果有一天哥哥出獄，可以向弟弟索回。」於是李象自己寫狀子準備告官，知道訴訟嚴峻過程的林幼勸他：「母親還健在，如果兄弟鬩牆反目成仇，母親一定傷心。我們就算了，讓給他吧！」李象同意這項提醒與孝心建議，決定離開草屯，兩人遷往竹山小鎮的偏鄉東埔蚋（光復後改稱延平），先向獄友承租一爿雜物倉庫安身立命。

白手起家，從小吃、做豆腐、賣葡萄、釀酒到收驚

在延平的外婆，這時二十六歲，抱著剛出生的女娃（我的大阿姨），在小小巷口擺攤賣小吃，

大骨熬煮的豆腐湯（豆腐切成三角形，加上芹菜珠子）、客家碗粿（米漿不加肉臊，碗粿表面有一撮碎菜脯，最後淋上些許醬油），賺了點小錢，雇了一位長工，就在住家屋簷下，磨漿自製豆腐。家母與其他姊妹小時候，都必須一大早起床幫忙，在磨漿時一勺一勺把黃豆，放入石磨洞。家母回憶銷售時間常常大排長龍。

外婆理財有道，又把利潤用來買地種植白葡萄。偌大的葡萄園開始生果，產季豐收，她獨自挑著鮮果（外公身體不好，幫不上忙），一根扁擔兩個籮筐，徒步四公里，到竹山小鎮市場外圍販售（像是今日許多小鎮、部落市場外側的小農）。她也釀製甜葡萄酒販賣，很受歡迎。我與浩威對於跟著「媽媽回娘家」最有印象的是，外婆都會私下從床鋪底下，取出酒甕讓我們兄弟倆「偷喝」（媽媽一直被瞞在鼓裡）。「查埔囝怎麼可以不會喝酒！」在外婆鼓勵之下，我們兄弟的酒量、酒膽頗有成績。青壯年行走江湖，酒量略有小名。

據小阿姨細說：「一天我媽媽夢見觀世音菩薩來找她，黑面的觀音，沒想到兩天後，有一位居士在家焚香三炷，要將一座觀世音佛像相贈於有緣人，他順著長縷香煙，飄呀飄找到了外婆家，告知詳情並將佛像相贈。」外婆歡喜心將觀世音佛像供奉於明堂神龕，不久開始設壇幫鄉人收驚、卜米卦，漸漸揚名鄉里。我們這群小外孫們，童年都有觀摩經驗。

一天，竹山小鎮的地方警察首長派了一輛三輪車到外婆家，敦請她去幫他的幼兒收驚。原因是小鎮的日本醫生束手無策，而這位「巡查」聽說我外婆的名聲，結果非常滿意。從此我外婆成了小鎮各個首長的「幼兒收驚御醫」，坊間來尋求幫忙的人更是絡繹不絕，這也讓她賺了些錢。甚至，有更窮鄉僻壤來求助的人，身上沒有錢，但是外婆不以為意，免費幫忙，有時還借錢給他們，只說以後視自己能力再還錢即可。

後來外婆做了一件「大事」，令人欽佩。

她在村外野溪旁的空地，自資興建許多磚造房供無家可歸者無償居住。那約是八十五年前的事，一位社會主義理想者，一位慈悲為懷的佛教徒，也是我們孫輩無法企及的憐憫心。

關於外公與外婆的死亡

一九四九年初，外公李象在東埔蚋家病逝，享年六十一歲。那一年外婆四十六歲，我母親十六歲，負笈台中，就讀台中女中初中部。母親曾說過，當年住在學校宿舍，有一晚她夢見父親來找她，輕輕地叫著她的日本小名，說：「這些錢你拿去花吧！」家母看了看，狐疑地回他話：「這是冥紙！不能用！」次日早上，學校接到電報說父親去世。

一九七四年十一月十七日入夜，外婆已經開始彌留，她強忍著、苦苦等待著遠在彰化員林的大兒子（初嫁廖家所生）趕來見最後一面。她勉力想要坐著等，隨侍在側的家人不忍，附耳跟她說：「觀世音菩薩已經來接你了，正等著，你就放心去吧！」外婆隨即闔眼而逝。

就此同時，不遠處一位寺廟乩童深夜驚醒，呼叫「阿象嬸死了」，他火急一一到鄰家奔走說：「如果你們有受過她的恩，在出殯時要設香案祭拜她！」接下來就如浩威所說：「我還記得當年外婆出殯時，村道兩側皆是同鄉香案遙祭的畫面，當時還以為是民間習俗，後來才知道是村民對她的感情……」。畫面我記得，那時我是高二生，出殯隊伍中我捧著外婆神龕上的香爐，隨著引魂幡、銘旌和孝燈，走在隊伍的前面，暗想沿路怎麼有那麼多的人家，在騎樓下設香案祭送外婆？

很多很多年過去了。時間來到二〇一八年四月五日清明節，下午。

李家長孫與小阿姨主辦撿骨儀式，要將土葬的外婆遺骨入甕，再轉入靈骨塔。祭祀當天我出席了，但是家母沒有被告知要回去竹山參加祭拜儀式，原因是八十四歲的母親已經開始失智，許多事她已經無法進入狀況，這件事由長子代表出席。祭拜儀式在焚香與道士的手搖鈴聲中開始，禮畢後，我的任務是雙手捧著靈骨甕，我用胸膛、雙臂環抱著。道士鈴聲引路，其他家人們手持一炷香，魚貫往塔位前去，肅穆安靜。記得，這是我第一次環抱著外婆。

正當我要將外婆骨甕安置入櫃時，我的手機響了，是母親打來的……。

田野調查，開始打電話給眾表兄弟姊妹談談外婆

二〇二四年春節剛過，我陸續電話聯繫那些已經鮮少見面的眾家表兄弟姊妹，詢問他們心目中的外婆，請大家說說私人與外婆的故事。

大表姊說：「我小學五、六年級，與外婆同住。有一天雷電交加，結果一道閃雷擊中屋外的龍眼樹，再透過煙囪把廚房鐵鍋打破了一個大洞。當時我與外婆在隔壁房間，穿著雨鞋的我，還有電麻麻的感覺，但是外婆完全沒事。」

二表姊說：「每次家裡收割完成，爸爸都會運來稻穀到外婆家，借用廣場曬穀子，這時我才有幾天的時間住在外婆家。在此溽熱期間，她教我如何煮空心菜（水蕹菜）湯，盛夏退火。先燒水煮開，再丟入側邊有細細銀帶的小魚乾，當是湯頭用，當魚香出味了，再放入水蕹菜段，加鹽調味，即可食用。」這個水蕹菜湯，童年時的夏天，母親也常煮來吃。（注：水蕹菜是南投出名的鄉土菜，與一般其他地區的空心菜不同。）

我也說道：「記得外婆院子角落有一株蘋婆樹，成熟鳳眼果經過火烤過，香腴滋味勝過栗子。童年曾經嘗過一次，念念不忘。以後每次陪母親回娘家，總放眼搜尋樹上是否有果子。當時年紀太小了，不知產季，不知它也稱七夕果，是盛夏採收的。旅居台南後看到街頭公園都有它的蹤影，也多次品嘗。每一次的滋味，我以為它是我的『外婆樹』」。

幾株綠意腎蕨，從外婆古厝牆角開始旅行

十多年前吧，我終於注意到母親的陽台植栽換了，原來的小灌木枯死後，闊葉花木漸漸改為綠意十足的蕨類，她種了兩種平凡的綠蕨：腎蕨是多數、少數是鐵線蕨。原是母親綠意陽台的小配角，這些「古老綠生命」不知不覺成了陽台主角，綠滿窗前。母親說過，這些綠蕨最早是從外婆古厝牆邊角落取下來的，之後，它們從竹山老家跟著遷徙到永和，再到復興南路，前後已經五十年了。

七年多前家母確定罹患失智症，一路惡化，許多記憶開始流逝。有次，我回去復興南路探視她，發現鐵架上的整片綠蕨盆栽全都被夷平。我問怎麼了？答案是「太醜了，不好看！」失智症過程中，人會從空間與時間錯亂開始，再從幻覺中過度到三觀價值改變。

記憶內容會逆向消逝，從當下的「金魚記憶，僅四分鐘的印象」，漸漸地忘了身邊親人的名字，也忘了她曾經結過婚……。母親非常珍惜的童年求學生涯也忘了……。當然，也忘記了腎蕨綠葉所代表的意義，傳承的儀式感、對母親的懷念，已經隨風消逝。

看著陽台空無一物的眾多花盆，不勝唏噓，我的傷感是複雜的。

幾個月後，再有一次探視母親，竟然發現花盆裡冒出幾株腎蕨小苗，怯怯生生長在空蕩的盆子。我挖取了它們，小心帶回台南安平陽台的緬梔花樹下安頓。幾次澆水，它們活了下來，繁延幾欉。傍晚望著落日夕陽，樹上花開，樹下綠意蓊蓊。

二〇二〇年疫情初期，我搬到台東都蘭旅居，過著半隱半忙的日子。兩年後我也將安平兩株腎蕨移到都蘭山下，雜種到樹籬下與山蘇、其他腎蕨合併生長，一樣長青葳蕤，小夏蔭厚，滿眼綠意。

7 母親正在教我最後一堂課：死亡

在往機場的路上，一海蔚藍
禁錮的傷感如海風緩緩
車上的音樂是Lost Momeries
這次的台北行
我知道母親在教我最後一堂課

幾天前，一把新鮮的過貓蕨菜，與妻討論如何烹煮，她說汆燙加上美奶滋，涼拌。我建議熱炒，薑絲與蒜末爆香，大火炒過，少許鹽巴調味，起鍋前淋一些米酒嗆鍋，收尾時加入麻油簡單翻炒。她問有這種吃法?我驕傲地說：「小時候我家都這麼吃，我媽教的。」

童年，曾住竹山小鎮市區邊緣。約是小學五、六年級年紀，煮晚餐時間，有時菜色不足，母親會說：「去摘一些過貓！」我從後門出去，先越過幾處水田，往野溪前去，田埂處即出現一些野生過貓，大叢小叢，一路摘下嫩捲芽，以拇指、食指捏住葉柄上端，用大拇指的指甲感應、探索枝葉鮮脆度，指甲稍稍用力，即可脆聲折斷。當握在手上的過貓已經滿滿一大把，約是十來分鐘的時間，夠吃了，回頭。

回到家即刻清洗，再折斷成方便入口的小段，這就是我的童年廚房助理工作。母親對我的美食傳承，不說不教，我的學習來自耳濡目染。我喜歡在一旁觀看母親的下鍋廚藝。妻子說好羨慕這樣的童年生活經驗，她是城市長大的小孩，完全無法想像鄉野日常，建議我應該把這樣的體驗寫出來，我躊躇地拒絕了，笑說：「誰要看？給誰看？」

出門得早，不趕時間
速度慢慢，想起母親早年的種種
思緒急急轉轉卻清晰
如同飽和度滿載的太平洋，大器色彩
那些封印多年的感覺開始甦醒

二〇二四年五月二十五日早上，從都蘭往台東機場，這次要直奔台北仁愛醫院探視住院的母親。她今年九十歲，已經失智幾年了。幾天前家族群組傳來：「阿媽很喘，喘不過氣，也有水腫」、「我會叫救護車跟阿媽去醫院」……。之後新資訊：剛送了尿液檢測，在等結果；還沒辦法測血壓，因為阿媽太緊繃太緊張；鈉離子過低，需要住院。

次日簡訊：醫生說阿媽本來心臟不太好，現在年紀更大容易引發衰竭、心臟愈來愈沒力、尿水打不出去、肺也有水、電解質失衡、鈉離子一〇五太低、肺部有新的白點……。終於有了病床，開始一連串檢測、調整用藥，簡訊屢屢傳來新的病情與療程。

住院第三天，兒子私訊給我，說這次阿媽住院的病情與過去不同……。他說得婉轉，我聽懂弦外之音，回話說：「我先訂機票，明天去醫院探望她。」當天晚上久久無法入眠，四點才昏沉睡去。

早上九點半前去機場，我提早出門，台十一線通暢，不急不躁不趕路，刻意車速平緩。一路心緒如潮，卻都幻化成文章結構在腦海盤旋、滑翔，這是多年創作習慣了。天空晴藍，海水湛藍，白雲氣爽悠悠，小夏的陽光燦爛，車上自動選播的古典跨界音樂，卻是「同時性」洩露我的憂心忡忡。想起了母親過去種種，記憶加倍快轉，幾十年光陰一下子鮮明了起來。忍不住的哀傷，思緒卻是澄清透亮。突然念頭定格，原來如此：「喔，母親正在教我最後一堂課：死亡。」自忖，應該寫下母親教我的另外九堂課：

一、那個年代的傳統媳婦
二、租書店的母親
三、傳統造紙廠的經營
四、父親復健時，她的委屈與堅韌
五、永安市場裡日租的小攤
六、都市裡幫傭與保母生涯
七、醫院工友的職人態度
八、父親去世後，母親的孤寂與清淡
九、母親的輪椅與第三次好運

飛機起飛前，我的書寫大綱已經就緒。

東埔蚋村莊的尋常人家，母親的童年與少女

母親出生於昭和八年（一九三三）的南投縣竹山鎮東埔蚋村莊。她在李家排行四女，下有小妹，還有一名么弟。那個年代倥傯紛亂，大家的日子過得窘迫，「努力活下去」成了那個時代的全民運動。

母親的三個姊姊沒有受教育，她們的童年都必須無止境地幫忙家事、農事、工事（清晨製作豆腐，大家都要攤上責任）等等。外婆家裡有一大片葡萄園（長大後，我的調查得知品種為「金香」，適合釀製白葡萄酒，鮮食偏酸、滋味清香優雅）。年長姊姊們做吃力費時的工作，母親與小妹則是整天在葡萄園趕鳥，避免鮮果受損。母親說：「雀鳥之多，每天疲於奔命，不堪其擾。」

我的考據是，當時日本政府從美國引進栽種的歐美雜交種，鼓勵果農生產，從彰化開始栽培，但是氣候與技術問題，尚不足有經濟規模，農夫都在觀望。外公交友甚廣，他從彰化朋友處取得不少幼苗，成了南投地區葡萄先驅（當年巨峰葡萄尚未引進）。當果園裡葡萄成熟時，外婆一早獨自挑著鮮果到小鎮市集販賣，賣不完的則加糖釀漬成葡萄酒。她

的酒甕都儲放於她的床鋪下，記得我與弟弟陪母親回娘家，外婆屢屢鼓勵我倆「偷喝」，滋味很甜，酒量不多談不上微醺，但是人生倒帶時，總有滿滿幸福感，這也是我和浩威童年驕傲的紀錄。

母親約是八、九歲時，她的姊姊們忙著家事，小妹個子小力氣仍不足，所以她有一個專有任務「天天背著幼弟，照顧他」。幼弟是李家獨子，因此母親常常纏背著小弟，得以到處閒逛，穿街走巷。那是一條長長的揹巾，要先前傾彎腰，讓幼弟趴在自己背上，揹巾捧著小屁股，左右兩端長巾繞過自己雙肩，在胸前交叉，然後再繞過小弟的背部，再回到胸前，布巾兩端彼此綁牢即可。這個「背小弟」的工作，也是我的童年拿手任務，我與三弟相差八歲。當母親要騰出雙手工作時，照顧小弟就是我的責任，「纏背著小弟」成了我與母親童年相同的記憶。

小女生每天遊蕩鄉里，一次在街道，被學校老師查問：「怎麼沒有上學？」原來昭和十六年三月，日本政府實施「國民學校」政策，要求台灣小孩也要受義務教育。老師找到了外婆，希望我母親要到學校上課。外婆答應，唯一條件是「讀書同時要照顧小弟」，所以母親每天背著幼弟一起上學（母親笑說當時同學都幫她，小弟在教室後方睡覺，大夥一起照顧他）。只不過她不能上同年紀的班級，因為入學年紀遲了兩年，進度落後。但是聽母親「驕傲」說過，她一年不到就追趕上同齡進度，轉到正常班了。

到了高年級，許多歲月在防空警報中度過，母親和同學們躲在防空洞讀書。太平洋戰爭最後兩年，日本戰力吃緊，各地台灣人日子更苦了。一九四五年日本戰敗，天皇宣布投降，台灣光復了。住在台灣的日本人等待遣返祖國，那個階段台灣兵荒馬亂，社會秩序崩壞，人倫悲劇頻傳。母親看到她的日本老師，困在校園不得外出，生活極度困難，三餐不繼。外婆與母親則常常以白米偷偷接濟老師，以解斷炊之苦。母親說：「老師屢屢拆掉漂亮的和服，以一塊袖子布或是下擺花布回贈，那是日本人即使最困厄之際，也堅持的禮貌和人品。」母親在教導我們：她學到的「貧賤不能移」。

小學畢業時，她以全校第一名學霸，被校方勸說「試試看，去考台中女中」。外公答應她可以參加考試，外婆則想著的是「應該考不上」，所以考考無妨。創校於一九二一年的「林圮埔公學校東埔蚋分校」，過去從沒有人被台中女中初中部（創立於一九一九年）錄取過的紀錄。

結果母親考上了，與另外一位「詩人的女兒」（家境極好，社會地位高）雙雙錄取，成了東埔蚋的大消息。母親的第二個驕傲是「我考得比她好，分在第一班（能力分班）」。她擅長數學、理化科目（理科我有她的基因，對於文科我則遺傳自父親）。外婆忙著生計，無暇支援十三歲的女兒到遠方求學，路途是從東埔蚋到台中，交通時間約十五小時，包含等車、轉車、走路、走路、走路……。像是時代劇的故事，那是農村小女孩到大都市自己摸索的忐忑。想想，一位瘦小十三歲女孩，每個學期初，自己搬著一大袋白米，上下公車到學校（包含走路），當是註冊學費……。

初中畢業，外婆不給母親繼續上高中，因為前一年外公病逝了，家裡需要人手，何況資源有限，那是要留給李家獨子——我的舅舅，他是「李家的未來」。這一段往事，我曾問母親當年「恨嗎？生阿媽的氣？」母親從不回答這個問題，多次顧左右而言他。她從不跟我們說「過往遺憾之事」。

當我的年紀漸長，也懂得了她少女求學歲月，這是她這一輩子最開心無憂的時期。後來我盤算時間軸，總算明白，當時大姊二姊已經嫁人，三姊早就「分」給人家了，身為老四的母親，當時必須頂上來擔任外婆的大助手，她沒有太多選擇。

求學當時，曾經的校外活動日月潭之旅則是她最、最、最刻骨銘心的「幸福少女」標記。後話，十幾年前的一次年夜飯，她滴咕說：「好久沒去日月潭，六十年了。」當晚母親多說了一些少女時期的往事。我內心羞愧，自責沒盡孝道，把此事牢記在心裡。半年後，我受邀到埔里高工演講，說說台灣歷史建築。我邀母親一起去日月潭，「我們去環湖一圈，在伊達邵民宿過夜，第二天跟我去學校，條件是她要在教室後面聽我講課……。」這件事有後續，十年後，我在嘉義遇見當年校長，他說：「印象太深刻了，第一次看到講者帶著母親來演講。」

母親台中女中畢業後，結束求學生涯。回家除了協助外婆吩咐的家事，同時常常參看時尚雜誌，無師自通（我猜，應該是女中當時有家政課），開始幫人設計婦女衣裙（我以為，她在台中校園生活期間，看到了那個年代的城市時尚），從找布、配色，到打版、裁縫成了她的愛好與外快。我曾經跟她談起，我的空間概念，在高中時評量全校第一，臆想未來要讀建築，但事與願違。後來社會職場第一份工作是成衣外銷，我也無師自通，會服裝設計、會打版剪裁，「這個應該是學自或得自你的基因」。

傳統媳婦年代：二十歲小媳婦的心聲與認分

母親二十歲時，透過親友介紹，我的大伯與父親兩人連袂到東埔蚋拜訪李家。外婆招待帥帥兄弟倆，寒暄後，她讓母親出來奉茶……這是那個年代的相親，簡單俐落。記得我年輕時，見過父母結婚時的黑白照片，兩人都好青春，可惜照片不知所蹤。

我問母親說：「為何答應結婚？」她沒有回答父親很帥（當年父親號稱「竹山四少」），只笑稱被騙了，媒人婆說當年大坑王家非常有錢，在路口所見的山和田都是王家的。嫁過去之後，才知道那是過去式，王家早已沒落二、三十年了。

祖父和藹平易近人，麻煩的是祖母（姓蕭）依然有蕭家小姐的脾氣，那是大家閨秀的「婆婆氣場」。母親出嫁，接下來就是婆媳連續劇戲碼，如同歌手劉福助〈做人的媳婦著知道理〉的歌詞：「晚晚去睏，得早早起，又擱煩惱天未光，又擱煩惱鴨無卵，煩惱小姑要嫁無嫁妝，煩惱小叔要娶無眠床……。」

當年老派的婆婆，以現在說法是「情緒勒索」，常常全劇本屢屢上映，幾位媳婦心驚膽顫。當我們長大後，偶而聽到母親回想婆媳往事，總是心疼她的處境。想想，當年她才二十歲，我總覺得那一代媳婦真偉大。這是那個時代大家相同的故事，可是等到媳婦熬成婆，社會氛圍改變了，變成「婆婆要看媳婦的臉色」了。我總撒嬌說：「媽你生錯年代了。」

一年不到，父母離開大坑老家，搬到小鎮的黑瓦木構老建築，那是學校宿舍。父親是小學老師，「終於有了自己的家」。不久姊姊出生了，她成了父親的吉祥物，可愛漂亮，到處炫耀。又兩年，母親二十三歲，我也出生了，一家四口，母親「努力」發揮裁縫才藝，姊弟有許多漂亮的童裝。關於這一點，母親回憶時，總屢屢不厭其煩說著往事，每一次我總看到她驕傲的唇角和幸福的眼神。她說我們是小鎮最靚的小孩，姊姊衣服布料，偶而出現母親的日本老師當年所贈的和服花樣。設計、代製衣服，是她的收入。

年紀雖小，姊姊與我被要求：進了家，脫鞋，鞋尖要朝外放好；隨手關燈；水龍頭每次要擰緊；地板要隨時保持乾淨，抹擦榻榻米的清潔工作，姊弟一起負責……這是我們參與家事的第一項。

此時，父親收到兵役召集令（終於輪到他了，當年兵役混亂，有些人遲遲沒有收到兵單，最麻煩的是「成家後的兵役」），父親是海軍陸戰隊三年籤，最慘也最煎熬。一時家裡黑雲罩滿，父親當兵去了，教職薪水暫停，改領軍餉，但是極其微薄。家計陷入危機，母親必須變賣嫁妝，尋找收入來源。

租書店的母親：我們兄弟倆的童年圖書館

父母決定創立一間租書店，母親擔任店長，地點是外婆在鎮上的一爿店家，當時是空屋沒有他用。那裡是小鎮市中心，位於菜市場的斜對面，鐵皮木構的一樓建築，是昭和老屋，也是簡陋舊屋。以我後來旅行台灣小鎮，對許多小鎮日式昭和建築有深刻研究，事後覺得當時租書店的地點雲林路，是當年的黃金路段，人潮最多。父親退役後，回學校任教，同時他「手寫刻鋼版，印製考卷」，在書店販售，增加收入。

竹山在明鄭時期稱之「林圮埔」，清領時期甚至一度成為雲林縣的縣治之地，小鎮的老街發展已有兩百五十年。日治時期屬台中州竹山郡（含竹山街與鹿谷庄兩個行政區），也就是說，小鎮已有棋盤式的方正規劃，得「三橫四豎」之稱：三橫要道有頂橫街、橫街及下橫街；四豎通道有集山路、雲林路、竹山路及菜園路等。

那是台灣戰後嬰兒潮爆發的年代，一九五〇年代是貧瘠、苦悶，也是蓬勃、新生的「經濟起飛前時代」。當時還沒電視（首播必須等到一九七一年一月十二日），許多學生、年青人沒有啥娛樂，低消費的出租小說（言情、武俠）、各式雜誌、漫畫成了熱門消費店家。

一九五四年出生的作家蘇偉貞，其作品《租書店的女兒》，即是說了中校退役的父親開了租書店為生，書裡則記錄著她在台南的生活日常，有書店的介紹，也有眷村往事、文友行誼、校園生活、舊址瑣憶等等生活風景。

我對母親的租書店場景記憶不多，但是幾件事卻是難以忘懷。創店起初經濟拮据，母親多處省錢，考量家用、營業用電差異太大，所以她往往在家裡電鍋煮飯。出門開店前，先洗米浸泡置入電鍋，吩咐姊姊何時該按下開關，當電鍋開關跳起來後，要拔掉插頭，再等多久，飯便悶熟了。這時再由姊姊與我將溫熱白飯鍋帶到租書店，我倆穿街走巷路程約一點五公里。然後母親在店家後面一處簡陋方寸之地，僅以一個小鍋快炒兩道家常菜，這是我們仨每天的午餐。

當時姊姊五歲、我三歲，先將白飯內鍋上蓋，以一張大花布包好綁緊，中間穿過一根棍子。一前一後，往往我前姊姊後，兩人吃力地抬著，出了家門，不遠處有約一米半的溝渠，上面覆蓋著一塊大木板，當是橋片，有些搖晃。兩名幼童扛著重物，搖搖擺擺過橋，這是極其戒慎恐懼的事。再長大一些後，才知這張木製橋板是棺材蓋。

後來姊姊上小學了，家裡也多了一個成員——浩威。浩威怎麼長大的，沒啥印象，僅記得租書店後方有個小房間，三張榻榻米大小。我們兄弟倆就在那個小地方待著。浩威還在襁褓時，不哭不鬧，回頭想想有些不可思議。我則在一旁看顧他，同時自娛，一把剪刀和一罐糨糊，自顧自地剪剪貼貼。我是美勞高手，無師自通用西卡紙製作出許多戰艦，沒有草稿只在腦袋構圖，即可做出有艦橋、砲台、雷達站、煙囪等等，這些都是從漫畫書得來的知識……，整屋子都是剪紙，我沉醉其中。

每次，母親在店前有空可以騰出手，到小房間探視我們，她總驚訝我又不聲不響地創作出一些新奇玩意。後來，她每次回憶起這段歲月，我的作品總成了她的談資，嘖嘖稱奇。之後的之後，讀了一些心理學的書本，我才知道這是創作時的「心流」享受。油然心想，原來我的「空間概念」遠勝那些還在玩沙的同齡小朋友。

浩威早慧，他早早就開始看閱租書店的「所有」漫畫。事實上，我們兄弟倆的啟蒙都是從看漫畫書開始，現在術語「圖像思考」就是我們的起步，後來進化到閱讀書本「文字思考」，之後我們倆分別動筆寫作，文字裡多有空間與畫面感，自忖應該是這樣的童年閱讀養成吧。

在我三年級的一個晚上，父母不在家，我們小孩仨早早上床睡覺。半夜，我聽見父親回家的聲音，他悄聲在我耳邊說：「媽媽剛剛生了小弟。」

童年時期，母親的租書店成了我們的圖書館，那裡是天堂，有圖有書有母愛依附。

傳統造紙廠：挽起袖子的大無畏母親

但是，租書店為何要結束？我沒問過母親。只記得約是小學四年級前後結束的吧，我們所住的黑瓦日式建築要「還給學校」了。為什麼要退還？我也沒問。

母親向孩子們說：「我們要頂下一座造紙廠！也要搬去那裡。」

事後我拼湊他們改換跑道的理由，其一是姊姊小學畢業了，她考上台北古亭女中，當年還不是國中，是初中，需要入學考試。她參加北聯考取第二志願，意味著在台北讀初中的女兒，需要更多經濟支援。另一種角度說明，姊姊負笈台北，她沒有參與後來造紙廠的林林總總。

我的年紀漸長，回頭整理時間軸。父親應該是那個時期離開小學教職工作，才需要退還宿舍，另尋他處。我長大後漸漸明白他之所以離開教職，應該是徹底灰心吧。因為他堅持不加入國民黨，長期受到教育高層排擠，升遷「校長」一職永遠沒有他的機會。許多後進紛紛超車，他們當上了校長職，平步青雲。父親離開校園，應該是斷然決絕、憤憤不平吧。

一九五〇年六月，父親畢業於台中師範學校，那是當年中台灣的最高學府。後來知道《浩克慢遊》節目搭檔劉克襄，其父也畢業於台中師範，他倆年紀相差無幾，我好奇當年他們彼此認識？父親入學兩年時（一九四七年），目睹二二八事件爆發，許多台中師範學校學生參與抗爭，遭到逮捕、判刑、監禁及槍決學生百餘人。時任校長洪炎秋遭控叛國遭撤職，當年是唯一死刑。換言之，當年學校裡學長們「全軍覆沒」，這個事件對「小學弟」父親有了創傷，那是難言之痛。他發誓不加入國民黨，即使是校園、教職時期的種種威脅利誘。

應該是十歲，我第一次參觀老式造紙廠，那是震撼教育，整個工廠哄哄然，眾多工人忙亂有序，機器轟然噪音破表。中年後健康檢查，我的聽力比較差，自忖應該是小五、小六兩年期間，少年工廠生涯的「職業傷害」。

紙漿原料是竹子，柔細的腐竹纖維絲所形成的混濁紙漿，注滿一槽槽，每槽都有一位師傅，他們雙手握著木框架，框架底部是極細竹支篩網（像是極端精細版的壽司卷竹網）。師傅（當時稱之工人）將網架浸入水槽紙漿中，雙手微微傾斜，優雅、緩緩離開水面，竹篩網上就留下薄薄一層紙漿纖維，這個奇妙的工序稱之「抄紙」。再下一個動作是「壓紙」，紙漿經過抄動形成了紙的形態，一張一張加疊，形成約四十公分的紙磚，再將水分壓榨去除。

如果是高級宣紙的造紙廠，再下一個製程動作則是「烘紙」，但是父母頂下來的是「金紙造紙廠」，那是拜拜用的冥紙，是製紙工廠中最便宜種類，濕漉漉的紙張僅需「曬紙」即可，烘紙成本太高了。

至於紙漿原料唯一是竹子，稱之「竹漿」。不像宣紙的纖維要取自不同高纖維植物樹皮，然後「蒸煮」使其軟化，再以大量的水「漂洗」，最後「打漿」，拜拜用金紙的紙漿，這些工序都免了。紙漿以一年生的青竹（竹山鎮有取之不盡的嫩竹），先截斷成一米五長的竹筒，剝開成六片，收集束成一大捆。將這些成捆成捆的竹片浸入石灰水池，約是三、四個月工夫，即成了軟爛的腐竹，以人工剁成小段小段，準備加工碾得細碎。

這些小段的腐竹需要「蹂躪」成肉鬆模樣。第一天初體驗，我在工廠裡看到一頭水牛拉著碩大的圓柱形滾石，牛隻不停地逆時鐘繞著圈子，繞著繞著，沉重的石輪則將腐竹不斷輾壓得更細更細，直到適合「打漿」階段。對於那隻牛，我的童心有萬般不捨。

父母接手的造紙廠，開始改革為半自動化，首先是牛隻退役，以強力馬達代替，手工抄紙也改為機器完成。父親則成了跑業務的經理，母親擔任工廠生產線的廠長，男主外女主內分工。

我呢？每天清晨五點多陪著母親「露天曬紙」。天光微亮，母子倆（姊姊在台北讀書，兩位弟弟太小不能勝任）將成疊的濕紙，以兩張兩張為單位，作業時要倒退走，將其披放在租來的農地上，規矩成行。約是七、八公分高的青草剛好可以挺著紙張，使其懸空，紙下可以通風。一個多小時工作下來，附近幾方田地已經鋪滿微黃的紙張（每張紙寬約二十公分，長為七十公分），紙海浩瀚，頗是可觀。這是一項怕風畏雨，看天吃飯的工作。吃完早餐，我要帶領浩威上課去了，我倆就讀同一所小學。

放學趕回家，剛好是乾紙回收時間。這也是我顯身手的機會，瘦高的男孩，手長腳長，真合適這樣的體力勞動，彎腰、兩手張開伸直，抓著眼前紙張上緣，眼睛則看著下一張，立刻再抓住，接二連三，一長排一氣呵成，快速「撲收」不斷往前。我自樂是花豹撲兔。直到雙手抓滿，拿到回收處「卸貨」，再回頭撲收另一行紙張。

在那個尚未有氣象報告的年代，我已經練就看雲算雨的本事了。如果放學時看到雨層雲暗沉密布，知道快要下西北雨了，心急智生，向同學搬討救兵。我是班長，常吆喝多名同學們到我家幫忙搶收，以免紙張遭受雨襲，萬一泡湯，所有的努力就白費。

大概人緣不錯吧，同學也覺得好玩，常有一群「志願童工」沒雨也歡喜而來。我偶而還錯覺著，像是馬可・吐溫（Mark Twain）《湯姆歷險記》故事裡的頑皮湯姆，吆喝朋友來幫忙塗刷油漆，原本是波莉阿姨對他的處罰，湯姆卻把辛苦漆刷圍牆的苦差事，轉換成是好玩的趣事，大家樂在其中。

幾年前，我參加小學畢業五十年校友會時，許多同學都提起這一段往事。那一次同學會，特別向老同學們鞠躬致謝，說：「晚了五十年才跟大家說謝謝，真不好意思。」

曬紙少年，在我小學畢業之後，浩威接替了我的工作。

母親是造紙產業的外行，邊做邊學。從買竹議價、雇工剝竹、挖建石灰池、浸泡作業前後的諸多事宜，還有工廠裡種種工序流程，她與各路人馬交手、談判、交易……有被騙的，有被呼嚨的，有受到支持鼓勵的……冷暖自知，她的專業知識默默成長，但是必須快快地就定位。

她真是天生的領導好手，不坐辦公室，長時間「醬泡」在工廠裡，和善可親，尊重每一位員工的專業。她一直都在現場解決問題，包含製造流程改良、品管要求與機器修繕，員工很服氣她的細心與耐心，也尊敬她的公平與大氣。廠房不大，但是諸事忙碌。母親周旋於廠務與家事之間，卻不怒不怨的態度，我看在眼裡，學到「承當、穩住」。

我的小小童年，始於黑瓦木構建築的日常；浩威的小小童年，始於在租書店的閱讀；么弟的小小童年，則始於造紙廠的環境與交友。這樣的童年環境差異，也造成了兄弟仨登山不同，生命成就有異。

委屈與堅韌：一個把哭聲調成靜音的過程

「德興造紙廠」大小事已經上路，父母分工有序，我們三兄弟也各安其位，其中我與浩威兄弟倆在學校裡小有名氣（現在稱之學霸），也屢屢代表學校參加各種才藝比賽（美術為多），校長總笑著說浩威是「王浩二」。一九六八年，台灣實施「九年義務教育」，為了這件兩年後會啟動的教育大事，我五年級時被校長推到朝會上代表學生宣布：「雲林小學」改稱「雲林國民小學」。

在畢業五十年的校友會，有同學回憶說，活動當天校方有辦植樹紀念。「班長，你代表學生種了一株樹，你還記得是校園裡的哪一株？」我完全忘記此事。聚餐後我獨自再回到母校，校園空蕩，我彳亍在一排老樹前，也不知哪一株是哪一株。只學著詩人瘂弦，撫著老樹說：「老樹呀老樹，你們誰有見過我的童年？」

日子一切似乎順利，直到父親出了車禍。

仲夏中午，父親騎著機車獨自前往彰化田中洽商，「應該是中風吧！」他摔倒在路旁，被路人送往北斗鎮地方醫院。那是沒有傳真機、手機的年代，好不容易消息傳來家裡，母親慌亂地趕往醫院。我在家坐鎮，照顧兩位弟弟，那一晚，我胡亂煮了晚餐餵食我們自己，也用大灶起火燒了一鍋熱水，讓我們仨輪流洗澡。安靜做完功課，我們等著消息……。

第三天，母親回來了。告知父親命懸一線，他是腦溢血，整個頭顱腫脹，醫院不敢開刀。住在台北的伯父（台師大歷史系教授，姊姊就寄宿在伯父家）急急拜託台大腦外科醫生南下，希望他能到彰化地方醫院主刀。開刀前一天，我陪母親去醫院探視父親。母親輕輕提醒，說：「可能是最後一面了。」到醫院那一幕，驚悚震撼而不捨，父親的模樣慘不忍睹。現在回想起那天父親在病床的畫面，與母親失魂焦慮而且疲態憔悴，依舊熱眼盈淚。

後來的後來。聽母親提起舊事，當時她曾經向觀世音菩薩祈求，她願意折抵自己的陽壽換取父親平安，「因為孩子都還小……他們需要父親陪同長大」，她也不敢奢望父親能長命百歲……僅祈求菩薩悲憫（走筆到此，我雙手掩目，眼淚潸然，泣不成聲。這也是我非常害怕，甚至排斥書寫的一段往事，我知道會淚崩，因為回憶太痛苦了）。

好消息是手術順利，壞消息是父親半身不遂，健康回不來了。

母親蠟燭兩頭燒，造紙廠的廠務需要她，遠到醫院照顧復原的父親也是她（當年沒有醫院看護）。母親常常煮了一大鍋滷肉，留放冰箱。剩下煮飯燒菜我全擔了，現在想起往事，小五年紀的我「必須立刻長大，還好母親平日訓練有素」，承擔烹飪兄弟仨的三餐、家裡的清掃工作、大灶燒水洗澡用等等家事……。

母親不在家，我常往工廠裡鑽，待的時間很長。我唯一可以做的事，就是盡我所能幫助造紙的品質，在濕漉漉新紙離開紙漿槽，還在輸送帶上排水過程中，我總仔細剔除附著的雜枝，也學會修補破損的技巧。這不是受母親要求的，而是「匹夫有責」自覺。長大後，我分析潛意識，應該是「我以為這樣做，可以減輕父母的痛苦」。

父親返家了，他在醫院待了多久，我的記憶模糊。

開始復健，漫漫無期，成效幾近乎零。父親的脾氣變得暴躁而扭曲，母親往往是他咆哮的唯一對象。那是我們都不認識的父親，過去我所認知的父親，謙虛開朗，帥氣又彬彬有禮，朋友與同事都喜歡他的幽默。他非常好客，常常邀約單身的同事到家吃飯。至於與孩子相處的情狀？他像是朱自清〈背影〉所描述的父親：沉默卻關懷。我們父子對話不多，但是他驕傲地守護我們。

對於腦部嚴重受損的父親，也咒罵自己被囚禁在不能使喚的肉體（一隻腳完全沒有知覺），我的肩膀常常成了他上廁所時的另外一隻腳，沉重的身軀、濁重的呼吸是當時的強烈印象。

他的三觀與認知變形了。我們這些小孩都畏懼與害怕他不定時狂怒的當下，甚至對母親的語言暴力，大家無言的無力感……這是一場漫長黑暗期的開始，也是惡夢的糾纏。

母親必須堅強，家裡瑣事、工廠運作需要井然有序。甚至她在每月初五時，還要出遠門去收上個月的店家貨款。這事，過去是父親的工作任務，現在母親代打。那個年代，大部分店家都不會主動付款，一方面嫌棄銀行作業麻煩，二方面他們喜歡支付現金（我猜是逃稅）。所以母親往往連夜搭乘貨車（便車）前往大城小鎮，南到台南，北到新竹，挨家挨戶親自收款，跟店家保持商場友誼。

這件事，狀況糊塗的父親常常責罵母親去「討客兄」，母親無法爭辯，淚水往內吞，因為她還有許多事需要張羅。天下大亂，這僅是復健馬拉松的開始而已。從小，我從沒看到母親掉淚，她知道「不管怎樣，必須堅強，穩住！」家裡的頂梁柱就靠她了。在小五、小六的歲數，我看到了無以倫比堅韌的母親。現在掐指一算，當時她才三十五歲，真不可思議的母親。

我的小學生涯結束了。因為父母重視教育，他們以為當時小鎮國中無法滿足需求，我也隨姊姊的腳步，十二歲負笈他鄉，她台北，我嘉義。我考上私立輔仁中學，意味著將要住校三年。我對嘉義市的初認識：在火車站前與母親搭上三輪車前往學校，參加甄選考試，那是唯二的三輪車經驗。第二次是母親陪我入學註冊，同時辦理住校手續。

學校宿舍一房五座上下鋪鐵床，住滿了十個十二歲的小男生。記得頭一晚，寢室的九位室友都蒙著被子偷偷飲泣，我除外。不是我不想家，而是潛意識有些解脫的念頭。

惡性循環持續。父親狀況雖然有小進步，但是脾氣依然無解，隨時爆發。除了母親是直接受害者，年紀尚小留在家裡的浩威與小弟心理都有創傷，這些創傷隱藏在他們內心深處，很久很久。

身為作家兼心理醫師的浩威，在他約五十歲時接受《商業周刊》長篇專訪，「每一個精神科醫師，背後都有一段傷心往事」，我訝異他的勇敢與強大。細細閱讀他娓娓剖析自己的「弒父情結」，我以為，那算是他整個自我療癒完成。然而小弟浩志就沒那麼幸運了，他的一生跌跌撞撞。那時浩威的那一篇專訪，老母親看過了，淡淡地說：「有些地方浩威說錯了，不是那樣！」而我在安平也買了當期雜誌，靜靜看完整篇自白，在誠品書店後方的暗巷，哭到不能自已，這是我人生唯一的情緒失控，嚎啕癱軟。

大哭一場，算是救贖？還是多年壓抑解除？當天，我想起了母親的委屈與堅韌。

永安市場小攤：母親剛剛旅居台北的銅板收入

我的嘉義三年國中生涯，回頭檢驗內容，可以說是「蒼白、摸索與孤獨」。不能說一事無成，記得女導師教我包水餃；不返家的假日完全泡在籃球場，如果不在球場就不停地看電視；某一個星期日有同學去八掌溪玩水，陷入流沙溺斃，我見識到無常；與同學講話有許多三字經；月考前，寢室熄燈我總在廁所臨時抱佛腳；隔壁班的英文女老師很漂亮；夜晚操場滿天的螢火蟲；我參加了鼓號樂隊，一襲隊服自覺很帥……每一個過程都是學習的養分，這是後來的領悟。

暑寒假，我與姊姊分別回家了。就讀中山女中的姊姊總從台北帶回幾張西洋唱片，我跟著聆聽 The Beatles、貓王 Elvis Presley 的歌曲。唱機是父親買的，他的狀況開始好轉，雖然跛著一隻腳，但是一切往好的方向前進，大家不再那麼緊繃了。母親一樣主持家務與廠務，父親開始參與事務，但是嚴肅寡言。

高中時，我就讀師大附中。父母在師範大學旁的泰順街四十四巷買了房子。一樓，三房一廳與地下室，姊弟前後住進去。我住地下室，在大片白牆上畫上 The Beatles 四人大大剪影。姊姊讀輔仁大學，她獨自一間房，騰出的兩個房間租給台師大國文系大姊姊，我的國文能力明顯提升，因為常常翻閱她們書架上的古書《文心雕龍》、《爾雅》、《周易》

等等，當然在師大路上許多舊書攤也看了不少「有的沒有的」，邂逅了許多古人，作文課開始寫文言文。

浩威呢？小學畢業後，他也離開竹山，北上考取了延平中學，國一下學期身體出現狀況，轉校回到竹山讀國中，期間由母親全職調理他的身體。記得他曾說家裡好無聊，沒什麼書，只好把《紅樓夢》古文讀過兩遍。後來他讀建中時，下課不回家，往重慶南路的大小書店去看「白書」，一目十行，一個學期就把整個書店架上的書冊全部讀過。

一九七三年世界發生石油危機，當時以沙烏地阿拉伯為首的阿拉伯石油輸出國組織成員國宣布，對贖罪日戰爭期間支持以色列的國家實施石油禁運。最初的目標國家是加拿大、日本、荷蘭、英國和美國，隨後禁運也擴大到葡萄牙、南非……。台灣也受到巨大影響，能源成本大大飛漲，帶動社會通貨膨脹嚴重。記得家裡當時買了許多衛生紙囤放，師大路上的麵包嚴重縮水，外食成本變得高不可攀。

家裡的造紙廠同時出現成本危機，營運困難。如果要提升競爭力，需要更多資金投入，以改善馬達的電力、擴大廠房設備。最終父母決定「工廠結束」，資遣員工，廠房閒置。父親轉到舅舅合夥的現代化大型造紙廠，擔任總經理一職。但是不到兩年，這座工廠倒閉了，原來父親被騙了，他跳入一個財務火坑。麻煩的是，他身為總經理，票據上有他的印章，那個年代是有票據法的，股東們早早已脫產，留下他要承擔賠款責任。

無奈之下，父親變賣了當年祖父分家時所得有的大片土地，以便換現賠償，泰順街的房子也賣了。姊姊、我與後來讀建中的浩威，我們前後搬入永和永安市場旁的一座老舊公寓，各赴他鄉讀書的我們姊弟仨，歷經十年又團聚了。那裡是挨著紛亂市場的三樓，採光最差（記得客廳僅有一小片窗戶，鳥瞰菜市場雜亂的屋頂），意味著是房價最便宜的單位。這是家道中落的現實與選擇，也是重整旗鼓的起點。

之後，我考上成功大學數學系，準備前往台南。同時間，媽媽決定搬到台北來，竹山老家剩下父親與小弟。母親想在大都市重新站起來，先試試做個小生意。

她承租了永安市場的攤位，販賣一些生活雜貨。我呢？剛剛完成大學聯考，第二天，就到松山的一間電器行打工送貨，負責搬運冰箱、電視、冷氣等家電，住在店老闆提供的夾層空間，狹窄、溽熱、屋子都是汗臭味。

記得每次「三人行」出車，我坐在副駕駛座，車內沒有空調，窗戶總是搖下來吹風，長時間我的右胳臂曬得黑亮，左臂白皙如常。夜間加班往往是冷氣安裝、電視天線兩項。天線多裝設在建築頂樓，這是我的獨立作業時間，其他兩位大哥則負責偷看巷子對面開窗洗澡的姑娘……。另一件事印象深刻，每次傍晚回公司，司機大哥多會先在松山路停車，喝一碗沁涼綠豆湯，慶祝收工。當時在街頭有家常綠豆湯，對我是飲食文化的震撼，「原來家裡喝的，也可以賣錢」！

求學期間有過幾次「飲食文化的震撼」。國中住校，第一次假日外出覓食，我人生首次「自己掏錢的小吃經驗」，一碗陽春湯麵，些許碎肉臊子，再放上兩片切得薄薄的香腸，「驚為天人」的美味。高二時，與姊姊去她同學家做客，晚餐的牛肉芥蘭，竟然牛肉的分量多於青菜，有了文化衝擊。大一時，走在台南民族路騎樓，看到「衛生第一」的招牌……這也是文化衝擊。

打工期間，寫了一篇短篇小說〈34.7℃的送貨員〉，記錄了那段勞力密集的日子，而34.7℃則是台北當年最熱的氣溫。往後日子，地球暖化嚴重，34.7℃似乎不算什麼了。

還沒放榜，但是我已經開始自籌未來的學雜費，家裡經濟歸零，各盡綿薄之力，這是自覺，姊姊也是如此。打工期間，內心深處總祈求「考上國立」，學費可以「省很多」，此時已經察覺「賺錢很難」。之後，每個學期暑假我都要打工，到鐵路局當工讀生、擔任數學家教等等。如果是寒假，假期比較短，打工機會少，我則辦理助學貸款。因為在台南就學，與母親「同在一個屋簷下」機會又沒了，聚少離多，成了我的成長樣態。小學在竹山、國中在嘉義、高中在台北、大學在台南，算是成長的「孤獨勳章」。

假日回台北、總會到菜攤上幫忙站櫃。尤其是春節前的年貨大採購時，我常常整天「混跡市場」，分擔母親龐大的年貨工作量。我知道，母親在小鎮有「偶包」，但到了大城市「誰都不認識誰」，她彎下腰、蹲下去、挽起袖子，在菜市場認真謀生。我看到能屈能伸的母親，從谷底努力奮發的母親。

母親在這段時間，平日獨立作戰，雖然是銅板生意，心情安貧、曠達。一年後，父親與小弟也搬到台北。小弟國中畢業了，也要到台北讀高中。從此我的竹山日常記憶，僅剩下祖墳在那裡。

那個時代，台灣許多人北漂到台北都會求學與工作，大家離開故鄉，擁抱熱鬧喧騰的大城市。「台灣經濟起飛」，也意味著大家從故鄉拔根而起，奔赴台北，中南部人大量移民到台北縣的小鎮，他鄉變成故鄉。

這段永安市場歲月，晚上陪母親看著《楚留香》電視劇，手上忙著外銷到美國的聖誕裝飾品……家人一起拚經濟。

幫傭與保母：那一段母親最不想記起的歲月

姊姊大學畢業了，立刻進入職場。我們姊弟從沒有討論過出國讀書的話題，這個現象，今天想起還滿有意思的。她學的是織品服裝系，順理成章投入針織外貿領域，工作順利，也虎虎生風。姊姊養活了自己，每個月還固定「上繳」部分薪水給母親，統籌家裡大小開銷。這時我們兄弟仨都在花錢，我的大學生活費、浩威的醫學院學費與生活開銷、小弟在復興商工的學費……，家裡的柴米油鹽開銷大。今天回想起來，我從沒有聽過母親唉聲嘆氣，或抱怨過阮囊羞澀。

身為人子，我們也「懂事」，許多私人物欲或是「多餘」的活動開銷，往往自動喊停、自我設限。像是就讀師大附中時，一次暑假有機會學習版畫，但是想到學費，遺憾放棄；高二時，生活費嚴重不足，沒有午餐便當，我往往拿著一把湯匙向同學們蹭飯，一個便當一口飯，約是十多位同學贊助，也算是吃飽了；高三時補習物理，發現補習班有逃避繳費的竅門，偷偷上完一學年的課程。至於，那個年代寒暑假的熱門救國團活動，不曾妄想。

這種成長的狀態，在我當了父親之後，有了鐘擺效應。「一定不要讓孩子有學習上的經濟委屈」，一子一女是否成材，這是他們的造化，但是他們在求學過程中，我會暗中使勁支援，盡能力滿足他們的機會，不要擦身而過。

父親離開竹山，不久在台北市立婦幼醫院任職總務祕書，除了行動不靈活之外，神情奕奕的他「回來了」。原來小學老師的公務員紀錄，也重新銜接，繼續累積年資，這是穩定收入與退休保障。而且工作上，同仁口中的「王老師」成就感，讓他得到滿足，也釋放了之前的壓力與鬱卒。他的眉宇比較舒坦清朗，也開始跟台北的舊雨新知有了互動。他寫得一手好字，真是精采，我們四姊弟每次看到父親的手稿，總是先讚嘆一番，然後慨嘆沒有繼承到這個本事。

食指浩繁，母親結束了她的市場生意，除了加碼「客廳即工廠」的業務量之外，她也成了「全職照顧幼兒的保母」，小貝比是女生，那是挺累人的責任，半夜有時需要哄、餵、換尿布，但是收入穩定。生活裡多了「小麻煩」，但是有了「娃」，家人的互動變多了，偶而幫忙看護也顯得有趣。四十多年前的往事，現在都還記得她的名字，我的記憶力算是還行。

保母工作結束，我知道她轉去從事「有錢人家的家政婦」，工作內容、細節家人全然不知，母親極其保密業主的一切，僅僅知道她把人家晚餐備妥了後，就下班回家了。代煮晚餐這事，是因為她屢屢受到賞識，有忍不住的「驕傲」才透露出來的。因為東家沒有料理金額的上限，所以母親可「放手獻技」，我只能臆測「她可能玩得開心」。

但是「家政婦」一職，她的內心深處是「見笑（羞慚）之事」，有「不為五斗米折腰，但又不得不為」的矛盾與苦衷。她不想見光此事，即使是晚年的喃喃回憶，「家政婦的時期」往往是跳過去，不言。

職人態度：把將就的工作，當成講究的尊嚴

之後，台北婦幼醫院有「工友」缺，母親遞補了職缺，那是忙碌病歷室的資料調閱與歸檔工作。在尚未有電腦的時代，病歷表是一張張的白紙黑字，偌大的醫院地下室，眾多鐵架上有著密密麻麻的編號，每一個編號就是病號，裡面是累積多年厚厚的問診紀錄，收納芸芸眾生的生老病死。

母親成了父親的同事，父親在醫院大樓最頂樓，母親則在地下室。

婦幼醫院每天掛號人數眾多，早上時間到，不同科別醫生開始問診，病人的病歷表已經「躺在桌上」等待。醫院的運轉模式是「由醫生問診為核心，每個單位是行星，大家繞著太陽恆星系統運作」，病例室是底層的支援單位，像是蜂巢裡孜孜不倦的工蜂，她們不是在資料庫找病例表，就是在前往問診室送病例表的路上。

母親說道，她是裡面「最老的，年紀相差甚多」，並不是相形見絀，而是驕傲老當益壯。帶著老花眼鏡，眼神專注，這是我曾經在醫院見到母親的模樣。

台灣社會要進入電腦時代了，這個轉型期間，醫院的病例室是「工作量重災區」，龐大的紙張病歷表要數位化，醫院行政部門要求「大家都要學會電腦打字」，這是系統大革命！命令第一步：「先學會倉頡輸入法」，然後要測試、能力鑑定。我只見母親每天晚上像是準備學測考試，努力學習著。

話說「倉頡輸入法」，那是一種以字形來拆字取碼的漢字輸入法。一個漢字最少一碼，最多五碼。學倉頡，先要背熟倉頡字母及輔助字形。倉頡字母一共有二十四個，加一個「難」鍵，共使用二十五鍵來輸入漢字。每個倉頡字母對應一個英文字母。另外有幾十個輔助字形……。

當許多年輕的同事還在暈頭轉向時，母親已經學會倉頡，而且早早上手，除了她的邏輯腦，不服輸的個性讓她一直破浪前行。這個「工友」職位飯碗不好捧，但她樂在其中，也虎虎生風。

一九八六年，我的兒子是在婦幼醫院出生的，出生資料則是由「阿媽」親手建立的，她開心地以倉頡輸入基本資料。五十三歲的母親，她的日常進入含飴弄孫。

孤寂與清淡：沒有在深夜痛哭過的人，不足以談人生

一九九四年歲末，父母與親友參加了旅行社的澳洲之旅，先去雪梨，再往西南暢遊，預定在墨爾本跨年後，一九九五年一月二日返國。那天是星期日，我預定晚上到桃園機場接機。中午時間接到外交部的越洋電話，說父親猝逝在墨爾本機場海關，急救無效。電話另一頭是驚魂中的母親，呼吸急促，內容顛三倒四，唯一明確的資訊是「父親死了！」聯繫姊姊與浩威，三人互通資訊商討下一步，外交部在幫我們仨查詢最快飛往墨爾本的班機。小弟沒有護照，他無法前往。

我在《向夕陽敬酒．寂寞沙洲冷》寫到：第三天早上終於等到班機，我們姊弟三人直奔墨爾本，外交部有人來接機，車子是墨爾本市立殯儀社派遣的，我記得那是一輛豪奢的勞斯萊斯。一路上大家無語，終於見到了已經煎熬了三天的母親，「看到我們到來了，母親剎那間崩潰了」，那是她三天來的第一次眼淚，她癱軟在我們懷中。

那次是我第一次，也是唯一一次，看到母親的眼淚，過去所有的艱辛與危難，她都挺住了，堅強的她不會在我們面前掉淚。唏噓地摟著母親，我才真實地感知「父亡」的悲愴。過了很長的時間後，大家才收拾眼淚，母親開始描述當天在機場海關發生了什麼事，也知道了當天所有旅行團員必須飛回台灣的始末，理解為何留下母親和表妹（我們剛抵達，她趕機回國）在異地，無依無靠。得到館方告知，我們可以去看父親了……。

法醫已經有了完整死亡報告：心包腔破裂。遺體胸前有一道長長的縫合線，我凝視著父親的容顏，表情安詳如同沉睡中的好夢。我們靜默，深深地望著他，暗中說著：「爸！我們來了，您知道我們來了嗎？」秒秒分分望著望著，最後的一眼就是永恆。浩威是醫生，報告的簽收由他完成，姊姊與我分別握著母親的手，白布再度掩上……爸爸再見！

抵達墨爾本第三天早上，是父親的葬禮。一輛加長型的勞斯萊斯禮車，氣派、闇黑卻閃閃發亮，車頂擺滿了多彩繽紛的夏季花朵。車速緩緩，繞行這座漂亮的城市角落，為的是讓父親好好地再看一眼「他選擇的辭世之地」，如此優雅的花園城市。車行二十分鐘，回到一座歐式夢幻花園的教堂與殯儀館。

偌大教堂顯得空蕩蕩，父親的告別式只有八個人，人子仨與母親四人，另外兩位是外交部的職員和兩位佛光山的法師。儀式中，身為長子的我被告知待會兒要上台致詞。啥，說什麼？急促中，我有點彆扭。

一時愣住，完全沒有致詞準備，在父親的告別式上，三分鐘後「要上台」，我要說什麼？我應該說什麼？如今回首當下的場景，「三十九歲的我」沒有見過多少場面，父親猝死的訊息都還沒消化，所有儀式顯得不真實，我的思緒都還在空中漂浮，久久沒有落地。

當下，快速地倒帶父親的一生，他的榮耀？他的辛苦？他的遺憾？我卻想起一件記憶深處的事。高中時父親在盛怒下打了我一個耳光，那是唯一的一次。我在台上支支吾吾說了一些父親的往事，也說了他是一位我們姊弟尊敬的父親。但是，我忘了向他說：「我愛您。」

這段往事，我曾想過多次，也自責。如果重來一次，在告別式上我將會如何介紹「我們的父親」？一九六一年中秋晚上，天氣依然溽熱，母親和姊姊、我，還有剛剛滿一歲多的浩威四人，我們在日式黑瓦宿舍前院乘涼，院子四周以竹籬笆與鄰居相隔。父親回來了，他的腳踏車上有一座沉甸甸的綠色鐵製電扇，那是家裡的第一架，歡聲雷動。立刻安裝在院子裡，不停來回轉動，清涼的風吹拂著每一張臉，開心幸福，平和滿足。

當天我看到父親的眼角有欣慰，嘴角有微笑。長大後，我才懂得那是「為人父的慈祥慰藉與戰士的驕傲付出」的表情。我想，致詞的最後，除了「我愛您」，我會加上「謝謝您，辛苦您了，我們非常驕傲您是我們的父親！那座很重的電扇，我們還保存著，它還能動……。」

儀式結束，我們在殯儀館附設的漂亮歐式花園散步著。母親說，當我們還是童年時，她曾經去過嘉義民雄，找到一位著名的瞎眼算命師幫家人算命，當年他說了預言：「父親死時，僅有兩位兒子會送他上山頭。」此後母親偶而想起此事，說算命之後她總提心吊膽，不知我們三兄弟誰會早逝？總算真相大白……。

那天下午領取父親的骨灰罈，外觀優雅質地精緻，我們捧著父親最後的餘溫。事後，佛光山法師向浩威邀稿，說希望能登載在墨爾本的月刊，此時浩威的文名已經小有名氣，同時他也是花蓮慈濟醫院精神部主治醫師。晚上，浩威熬夜洋洋灑灑寫了長篇，有關父親在墨爾本最後的留影。一早我與姊姊看了手稿，由衷讚譽他寫得優美感人。文稿留下了此次墨爾本的感念，當年沒有手機，無法拍照留底，甚是遺憾。

我們搭上華航要回家了，我被升等到商務艙，其他家人留在經濟艙。我的座位旁多了一個神祕空位，空服員告訴我這是留給父親的。整趟航程，我抱著父親的骨灰罈，這個神奇的重量，恍恍惚惚從墨爾本到台北，一路上，我悠悠地向他說了一些話，內容已經忘了，但是這一趟的飛行經驗卻是深刻而且糾葛。

回到台灣，父親安葬金寶山的法事也完成了。曾經一次，唯一的一次，我夢見父親。夢中在陌生街道上，父親的背影踽踽獨行，他的一跛一瘸的身影，是那麼熟悉。夢中我問他，以後在天堂我們會見面?如果見面了，會相識?

葬禮結束的假日，伯父來訪母親。他以王家的族長，也是父親敬重的大哥身分來訪，我泡茶招待。寒暄後，伯父對母親說道：「謝謝你這麼多年來照顧、包容我的弟弟。」母親已是遺孀，「爾後如果要改嫁，自由自在。」一位大氣的長輩，一位開始守寡的母親，我看到父輩那個世代的文明。

母親一直任職婦幼醫院直到六十五歲退休。退休當天大家對她說：「謝謝，自己珍重。」事後魯鈍的我沒有問過她，職場最後一天的感想。我應該關心的，但是當時對「退休」二字無感無知，不知這對獨居的母親意義重大，我太不貼心了。

父親最後的剪貼簿

二〇二四年夏天，我把一箱厚重的剪貼簿，從安平住家的倉庫搬到都蘭山下，開始翻閱。那是父親從一九八三年到一九九四年的報紙剪貼，自從三十年前父親驟逝後，母親慢慢清點遺物，這個丟、那個留、這個捐、那個再想想……。我繼承了父親的手錶，沉甸甸的，有些許褪色斑駁。遺物不知經過多少年才清理完畢。顯然，最終母親能夠安妥收藏了她的孤獨。但是這一箱十本貼滿各種內容的剪貼簿，卻早已果斷整理入箱，安靜地收納在母親的衣櫥裡多年。

母親說，父親喜歡閱讀，尤其報紙的副刊——這一點我毫不知情。她笑說不是很清楚父親「究竟貼了些什麼東西」，只知道晚上父親把日報小心翼翼剪下他所關注、有興趣的一些文章，再以糨糊仔細塗抹，貼在每年發行的「民生報家庭日誌」，B5大小尺寸，約有二八〇頁的簿子，因為貼滿貼密，每一本都顯得肥肥胖胖。推敲年代，這是他任職市立婦幼醫院時，晚間的日常作息，像是儀式般的收藏心情與共鳴。

十多年前，母親將此箱遺物交給了我，約略知道內容，但是一直沒有拆開紙箱，它直接躺在倉庫高架上。我以為，如果仔細讀過父親的剪貼內容，約是可以「逆向工程」得知他的精神思維、邏輯架構、思想概念、企業管理、政治理念、文學品味、人文修養等等的內心世界與潛意識大海。

但是，畏懼「真相」的揭曉，我還沒準備好「認識」我所不知道的父親。

父親去世時六十五歲，如今我已逾六十五歲。我已經準備好「等量心智」的狀態，可以

「追溯」父親人生最後一年的所讀、所思。開啟封印三十年的紙箱，像是史料的閱讀，也像是偷窺父親的心事。第一冊的首篇剪貼，是顏元叔在「陋巷雜談」專欄裡的文章〈成就與舒適〉，述說「圖個清淨」的百姓生活態度，父親也畫下了一些重點線。剪貼簿裡還有社論、點評、新聞等等，我訝然地看到了散文小品、新詩。

那個年代的報紙字體非常小，可能是六號或是五號字，一篇面積不大的文章承載了不少文字。依著冊本編號，斷斷續續翻看著「父親雜食性閱讀」的剪貼，我已經看到父親的品味與學習。

讀著讀著，發現剪貼內容有了改變。一九八八年元旦，台灣報禁解除，之後幾年各家新報紙如同雨後春筍般百家爭鳴，也使得新聞報導上更多樣化，逐漸形成多元化。父親更關注政治、政黨的新聞，剪報中政治議題占比逐漸增多了，顯然他的內心是有擾動的。

一九九〇年，父親的剪報類別，政治新聞少了，社會關懷的文章悄悄增加，他的視野也更寬廣了。

一九九一年，剪報多了父親關注的新焦點：浩威的作品。先是第十四屆時報文學獎新詩新選獎，由三人合得。浩威以筆名譚石，作品〈我和自己去旅行〉獲獎。我順著這個三十三年前的「得獎舊聞」與作品，揣測著身為父親的驕傲心思，也尋思一位父親對兒子離開台北遠到花蓮行醫，他是如何「靜默地遠距離觀看」？這一年，我也離開台北外貿職場，遠到台南工作與旅居。

之後，剪報裡出現了許多浩威接受專訪的報導、個人小檔案介紹、他所寫的書評、參加文壇活動紀錄等等。一九九三年，他的新詩集《獻給雨季的歌》發行、「台灣查甫人」專欄的言論、「社會切片」專欄的發聲，顯然浩威在文壇漸漸活躍。還有一九九四年「三少四壯集」專欄，父親闢出許多空白頁，從七月一日的〈挑紅酒的方法〉首篇，之後每個星期五刊出的文章依序貼上〈熱天巴士〉、〈素娥選里長〉、〈逛醫院的大包裹〉、〈月昇海洋〉、〈沉默〉、〈龍舌蘭〉……文章裡揉合旅行、日常、心理、文學、鄉土、哲學、社會……充滿新詩的剔透文字和小說場景。

我思緒遠颺，猜想他每個星期五早上，一定急急打開報紙地，找尋浩威的文字，慢慢讀著兒子的「心事與見識」。在夜晚的燈光下，他一定慎重又驕傲地剪下報紙，這個心情我是從他剪得特別筆直的刀線所揣測的。我以為父親，細心貼妥，也反覆幾次觀看文章。我握著舊剪貼簿，思考著「當時父親想了些什麼？」

我在二〇一五年也獲邀在「三少四壯集」專欄書寫，談的主題是「旅食小鎮」，從〈旅食南竿，馬祖的福州傳統美食〉、〈旅食玉里，秀姑巒溪旁的麵美食〉等等，一路逛到〈旅食后里，墩仔腳市場裡的肉丸〉，共五十一篇一年分。兄弟倆文筆戲路迥然不同，浩威在「少年」時，敏感壯闊；我則在「壯年」時，及時行樂。我不免遐想，如果父親「同時」看到兄弟倆的文章，他是否會有「蘇洵躺在涼椅，閉眼聆聽兩兄弟的背書之樂」？

父親對浩威「三少四壯集」剪貼珍藏行動，停在一九九四年十二月十六日〈奔跑的睡眠〉，那個日期，離他猝死倒數僅剩兩個星期了。我在剪貼簿這一篇「停格」文章之後，細數出「刻意空出三十六頁」，顯然父親仍期待在報章上，可以遇見浩威。

母親的輪椅與第三個好運

二〇一五年五月下旬，浩威受邀到西安演講與上課，他提議大家乾脆也來一次家庭旅行。一家老小十人開心前往，這是唯二的兩次家庭旅行。父親去世這三十年期間，大家一起陪著母親浩浩蕩蕩的大旅行，一次是日本九州，一次是西安之行。

坦白說，我是心愜意滿於這次的古城旅行，穿梭許多歷史街弄，隱約中許多寺院與街景「似曾相識」。兩年後，二〇一七年因為書寫《哲學樹之旅：漫漫走過千年之路》，一個人的旅行，我又再度來到西安，尋找千年前唐太宗手植的一株古銀杏。那一次的旅行總總，「我確信，前世一定曾是長安人，孟婆湯喝少了些，仍留有殘存記憶」，西安對我而言是個玄妙的地方。

不過，這不是我要說的重點，回到家人與母親西安同行的旅行。四天期間安排了許多精采的景點與美食。大夥兒暢遊古城，我們清楚地看到母親的腳力差很多了，八十歲的她真的老了，一段段路程腳步蹣跚，她卻勉強硬走。到了秦始皇兵馬俑博物館，購票時她終於首肯坐上館方提供的輪椅。坐上輪椅，我們輪流推著，她說：「沒想到，這樣還滿舒服的。」

母親非常排斥「讓別人感覺到她的老」，表面上是「沒有面子」，潛意識裡畏懼「老了，會拖累別人」。西安旅行中她屢屢拒絕輪椅安排，爭的是「不示弱，我還行」的倔強。平日她因慢性病去台大醫院定期複診，三個月一趟，她總自己隻身一大早前往掛號看病，一方面不麻煩家人相陪，另一方面她可以向醫院候診室的病友展現「獨立堅強」，那是她一直以來的好勝心態。

其實，母親喜歡游泳，可是當她七十五歲時，市立游泳池不給發新的證件。「高風險族群」的管理困難，這個容易理解，市政府不想承擔這個責任。此後，家人感覺到她的體能狀況明顯走下坡，雖然她與姊妹淘偶而去爬山、健走，但是歲月不饒人，那些同行好友漸漸流失，一年兩年，漸漸少了一個人兩個人……母親隻身一人在家的時間變長了，飲食也變得潦草。

尚未出現失智現象前，有一年的母親節，家人在餐廳聚餐，那次母親盛裝出席，席間和樂融融。飯後在餐廳門口，我捕捉她笑臉盈盈的特寫，拍了幾張照片。當下，問了她類似這輩子的心得等等，她說：「好運！放下，你就好運了。」

二〇一六年電影《夏美的螢火蟲》（夏美のホタル），根據日本作家森澤明夫創作的小說改編。故事記述夢想成為攝影師的夏美，大學畢業後對迷茫的未來感到不安，而男友慎吾曖昧不明的態度更令她焦躁。夏日時光，為了擺脫困擾，她獨自騎著父親生前留下的機車，前往曾經和父親一起賞過螢火蟲的森林。小時候，父親帶她來看螢火蟲，這次的前往，是難以言表對父親的思念，夏美往孩童回憶的上游前去。

在森林等待、尋找螢火蟲，晚上露營在溪邊，早上陽光穿透枝幹罅隙，投下道道迷幻光柱。野溪橋上，夏美拿出相冊回味，梳理來此的動機，取出小時候父母為她慶生的合照。照片背面，父親一行字：「第三個幸運」。那是家裡成員多了小夏美，身為賽車手的父親多了「親子羈絆」的感謝。

夏美在小村，遇見老母親安須與老兒子地藏惠三，母子經營一間小雜貨店。夏美向他們母子學習如何在大自然中生活，劇情裡也有老媽媽對身障兒子惠三的不捨，有老兒子對遠方兒子的懷念。劇中，每個人都有各自的溫馨連結與親子糾葛交織……。電影裡，我領悟所謂「三個幸運」，竟然跟母親的人生心得如此相似，平凡，卻是真實的知足：

第一個幸運是：來到這個人世間。

第二個幸運是：深受父母寵愛。

第三個幸運則是：成為父母，並深愛自己的孩子。

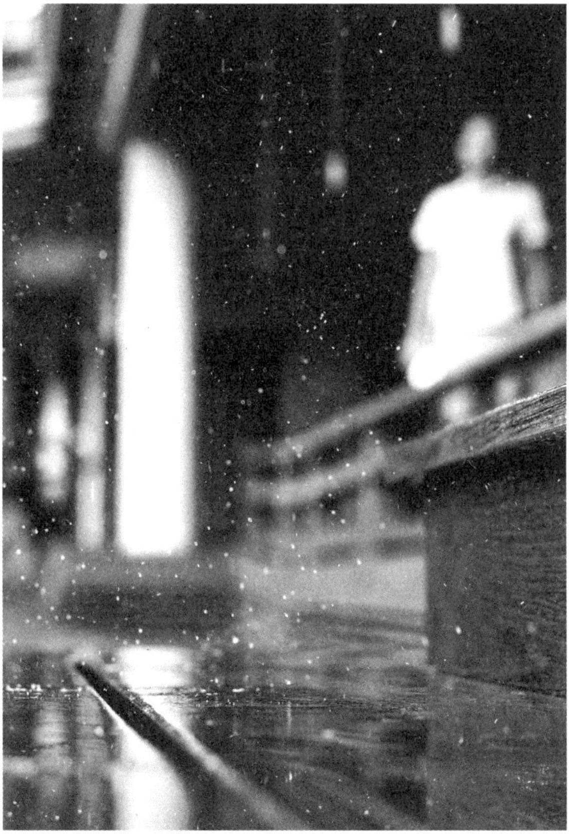

8 在雨季，一場不帶行李的旅行

春雨細細，夏雨沛沛，秋雨淒淒，冬雨綿綿。雨落成詩，你身邊的這場雨，下成了哪首詩？

「黃梅時節家家雨，青草池塘處處蛙」。這兩句寫景，描繪出一幅江南初夏的梅雨風光。梅雨季節，陰雨連綿，池塘水漲，蛙聲不斷，鄉村景物顯得清新恬靜，和諧美妙。田間蛙聲不斷，表現出熱鬧的環境，很吵？還是反襯寂靜？宋朝詩人趙師秀約了客人到家來相聚下棋，雨勢不大，可是沒有停歇的感覺，點點滴滴了一夜。

這首詩〈約客〉的下兩句：

有約不來過夜半，閒敲棋子落燈花。

客人因雨耽擱了？詩人耐心卻又有些焦急地等著，沒事可幹，「閒敲」棋子，叩叩輕響，百般無聊，恍神閒看著閃閃的燈花，兀自微光搖曳。

其實，梅雨霏霏脈脈，有人不覺得愁，喜說：「楝花開後風光好，梅子黃時雨意濃。」這是心態，甚至是意境。但是，總有詩人說是愁：「試問閒愁都幾許？一川煙草，滿城風絮，梅子黃時雨。」詩人把內心的愁緒，比喻成洲渚上隱現在風煙霧氣中的青草，比喻成滿城中隨風飄飛的柳絮，比喻成黃梅季節裡，無休無止的雨滴。

每一件事的觀點，總有兩個以上的面向，取決於不同心情、不同背景、不同立場、不同需求。一場雨季，梅雨霏霏？春雨潤潤？未來自己的告別式，你在凝視死亡？或是死亡在凝視你？

秋雨：那是掩蓋生命困局的說法

曾經到屏東市勝利星村的「永勝５號」獨立書店一遊，被書店主人要求留下字跡手稿，「任何字都行！」信手寫道：「少年時鮮衣怒馬，中年時蜻蜓趕路，現在則是徐步山路。」「鮮衣怒馬」是美服壯馬，服裝講究俊挺颯颯，工作急急有效率；「蜻蜓趕路」是日理多事，忙碌之餘卻僅能抓重點，如同蜻蜓點水，膚淺而不深入；「徐步山路」則是退休後，已經懂得慢行閒走，不趕路，緩慢前行卻堅定自適。

這是年紀歲月的生命速度改變了，導致看事情的視角改變、競爭心態改變。

有些人到了一個年紀，總不禁頻頻回頭看著過往，有不勝唏噓與永恆感傷。也有像是收錄於《鈴璫花（陳映真小說５）》裡，短篇小說〈山路〉，陳映真說了時代的故事，悠悠遠遠地彰顯「時光雖遠去，記憶不曾蒙灰」，那是揮不去的生命疤痕，一道意義深遠的軌跡。

我年少時，常常到台灣師範大學一旁的師大路，遊走眾多的舊書攤，隨手翻閱文學書籍。五十年前的師大路尚未拓寬，街道窄促瘦細，一邊是名滿天下的牛肉麵攤家們，一邊則是堆滿書冊的舊書攤，星羅處處。沒錢買書，但是不影響我立讀開卷，一副好學模樣。

那個年代圖書館數量不多，藏書有限，一些無版權的「禁書」總是引我入迷，因此站在路邊貪讀了一些唐宋詩詞，樂在其中。有些文字，年輕的我無法深深領略，只覺得詞藻優美意境深邃，當是「文化享受」，如此足矣。舉例，當年讀著辛棄疾的〈醜奴兒〉，他說的是秋愁，我只覺得天涼秋美：

少年不識愁滋味，愛上層樓。愛上層樓，為賦新詞強說愁。
而今識盡愁滋味，欲說還休。欲說還休，卻道天涼好個秋。

而今，隨著歲月過往，退休多年，我當然懂得了辛棄疾的中年心情，共鳴個中滋味。這闕詞名稱〈書博山道中壁〉，所謂「書壁者」，是中國古典文學雅態，即在牆壁上以筆墨書寫下即興詩詞，可比現代人「到此一遊」塗鴉，古代的大文學家則在白壁上留下創作，供人共賞，也增添人文美感，自成風景，是屬於那個年代的臉書。

話說辛棄疾寫此詞，已是中年，他隱居在帶湖多年了。過往磨盡風波，不受重用，而今僅能遊山玩水打發時間。一天他到了博山，登高望遠，憶起少年登樓眺望的心情，當年的諤諤理想已經遠去，今昔心境天壤不同，觸發詞人內心，即席書壁。從前與現今比對，生命的重量一言難盡，腳步感受躊躇，嘴巴卻輕輕帶過，秋高氣爽啊。

如同辛棄疾寫〈一剪梅〉：「憶對中秋丹桂叢，花在杯中，月在杯中。」想起昔日的中秋夜，辛棄疾在芳香的桂花叢下，花影映在酒杯中，月亮映在酒杯中。「今宵樓上一尊同，雲濕紗窗，雨濕紗窗。」今夜在高樓上一樣舉起了酒杯，可惜雲霧浸濕了紗窗，雨水打濕了紗窗。這是辛棄疾的中年後的秋雨，人生的逆旅滋味，苦澀。

《深夜食堂17》有一句話「有些滋味，長大後才明白」。關於古文詩詞，我有早慧的傾象，似懂非懂之餘，容易同悲同樂，如同鄭愁予〈崖上〉：「你當悟到，隱隱地悟到／時間是由你無限的開始／……啊，在自賞的夢中／應該是悄然地小立……」

聽雨：少年歌樓上、壯年客舟中、老年僧廬下

然而，當年杵在街頭所讀的詩詞，最觸動我的是「宋末四大家」蔣捷的〈虞美人．聽雨〉，這一首特別的宋詞，不長不短不多不少，恰恰容納了蔣捷的一生。他以生命中的三場雨為線索，寫下在人生不同時期，聆聽雨聲的感受，也為自己的人生做總結：

少年聽雨歌樓上，紅燭昏羅帳。
壯年聽雨客舟中。江闊雲低，斷雁叫西風。
而今聽雨僧廬下，鬢已星星也。
悲歡離合總無情。一任階前，點滴到天明。

聽雨分上中下，歌樓上，客舟中，僧廬下；人生的少年、中年、老年三個階段，有不同場景的雨聲和心境轉折，表露不同心思對應。蔣捷身處風雨飄搖的宋末，國家走向滅亡之際，對於一位才華橫溢的文人，多次拒絕元朝徵召他為官，堅持隱居不仕。而今歲月白髮，聽雨僧廬下，更加傷感自己人生中的漂泊和坎坷。

我站在舊書攤前，初次閱讀〈聽雨〉，雖然是高中青春年紀，卻是震撼無比。一者，詞句之美，悲涼清俊，令人神馳。二者，蔣捷老年時，歷盡離亂後的憔悴枯槁，而今身在空門，凝視著這場秋雨，聆聽著屋簷雨聲，表情一無所動，任它滴滴答答直到天明。表面木然無情，內心呢？他一生的悲歡離合自己也說不清。這首詞，太有畫面了。

這個老年才有的傷感心情，蕭寥疏爽，年少的我讀得是驚心動魄！

境界：最後的「看山還是山」

「第一階段看山是山，之後是看山不是山，最終看山還是山」。這句話大家都會說，也常常說。

「見山是山，見山不是山，見山還是山」譬喻人的線性思考往往經歷三個不同階段。這句話源自唐代禪宗大師青原行思（六祖惠能大師座下之五大弟子之一），他所提出參禪的三重境界：參禪之初，看山是山，看水是水；禪有悟時，看山不是山，看水不是水；禪中徹悟，看山仍然是山，看水仍然是水。

後人則多引用為「人生三大境界」，人之一生，從垂髫幼兒至白髮耆老，匆匆的人生旅途中，我們也經歷著人生的三重境界，一重又一重，循序漸進，跋涉其間，體悟其中。

人生第一重境界：涉世之初，往往都是用童真眼光衡量一切，看山是山，看水是水，固執地相信所見到就是最真實的，相信世界是按設定的規則不斷運轉。

人生第二重境界：紅塵之中有太多的競爭、誘惑，在虛偽的面具後隱藏著太多的潛規則，看到的並不一定是真實的。花非花，霧非霧，一切如霧裡看花，似真似幻，似真還假，山不是山，水不是水。策馬江湖多年，有些挫敗後，我們開始學習用鏡射、反射、折射去建構自己與成人世界。

人生第三重境界：返璞歸真，在洞察世事後的心靈回歸。但是，並非所有的人能達到此境界，它需要人生的深刻經歷，積累到一定深厚程度，不斷地反思，對世事多舛、對人生使命，有了通透的認識，才會進階。

我以為，進階之前，要先認識到蘇軾所言的「世事一場大夢，人生幾度秋涼」是何意？知道了自己一生追求的是什麼？要放棄的又是什麼？才能看山還是山，看水還是水。只是這山這水，看在第三重境界者的眼裡，已有另一種內涵與領悟了。

困頓：世事一場大夢，人生幾度秋涼？

話說蘇東坡喜歡吟月，他說：「人有悲歡離合，月有陰晴圓缺，此事古難全。」那是飽含哲理的感悟。但是他也說：「世事一場大夢，人生幾度秋涼？」整首〈西江月〉上闕是「傷感」，下闕是「悲憤」。有人說這首詞，字字如泣如訴：

世事一場大夢，人生幾度秋涼？
夜來風葉已鳴廊，看取眉頭鬢上。
酒賤常愁客少，月明多被雲妨。
中秋誰與共孤光，把盞悽然北望。

蘇東坡被貶謫至黃州的第二年中秋，內心的憋屈陰霾未散，委屈地寫下了這闋詞。想想，一年多前，他身陷「烏臺詩案」，牢獄煎熬與死亡迫近，是人生的一次重大轉折，而今傷感還在……。他一生被貶謫三次三地：黃州、惠州、儋州。後兩次他適應得快，也想得開。但是第一次的黃州受貶，令他久久不能釋懷，痛苦萬般。

傷感：「世事一場大夢，人生幾度秋涼」，開門見山，直抒胸臆，感嘆人生的虛幻與短促，使悲涼氣氛籠罩全詞。「一場」與「幾度」對仗工整，有文學的美感，也凸顯人生短暫如白駒過隙。以「夢」比喻世事，隱晦表現著不堪回首的辛酸往事，也飽含佛道兩家紅塵若夢的哲理。

悲憤：他悲人生之寥落，憤奸臣之險惡。在偏遠之地，文字裡他哀嘆酒賤客少、雲妨明月，這是表面描述。實則，他說的是被貶官後，一些朋友避他如避火的情形；「月明」隱喻蘇東坡自己，如明月般才華橫溢、皎潔正直，卻不幸遭烏雲般的奸臣小人排擠，暗含對世態炎涼的憤慨。

直到黃州第三年，蘇東坡寫下〈前赤壁賦〉、〈後赤壁賦〉，才走出心理陰影。自此，他豁達通透地明白了「看山還是山」的境界。其實，人生境界在第二重準備昇華到第三重之間，是要經歷「脫胎換骨」的煎熬與蛻變，像是逆水上溯的鯉魚，挑戰龍門天險，面對水流湍急的黃河，要跳得高，要跳得過，如果成功了就會幻化為龍，不受「有限」限制。

通透：〈前赤壁賦〉是人生第三重境界的入場關鍵

元豐五年（一〇八二），蘇東坡於七月、十月前後兩次遊歷黃州城外的赤壁，寫下兩篇遊記。〈前赤壁賦〉用主客問答的寫作方式，在對話中，彰顯兩種相對的生命情懷、人生觀如何流轉。

文字中，客人的言論，由眼前赤壁之景，聯想起三國周瑜在赤壁之戰擊敗曹操，如今英雄安在哉？歷史的興衰浮沉，容易興發人生短暫如蜉蝣、渺小如一粟的感傷，對時間永恆、生命價值產生質疑，往往讓人沉溺在悲與惑的無奈之中。「哀吾生之須臾，羨長江

之無窮」。一生短暫，長江無窮。這裡表達了「士人之悲」：時空命限，何能掙脫？生

命的易逝，死亡的迫近。

赤壁夜遊，初時，蘇東坡如果也把情緒停留在〈西江月〉的「傷感與悲憤」，就不會成

為超曠豁達的大文學家，不會成為我們敬愛的智者。〈前赤壁賦〉文字裡，蘇東坡以「水

月之喻」，磊磊落落說明自己走出生命困局。

蘇子曰：「客亦知夫水與月乎？逝者如斯，而未嘗往也；盈虛者如彼，而卒莫消長也，

蓋將自其變者而觀之，則天地曾不能以一瞬；自其不變者而觀之，則物與我皆無盡也，

而又何羨乎？

藉著眼前之水與月為喻，蘇東坡闡明「常」與「變」之理。流水不斷逝去，但從未消失；

月亮時圓時缺，但並無增減。這句話語帶著莊子的哲學痕跡，以個體觀之，人必然會生、

老、病、死。若抽離個體，以整體宇宙觀之，則「天地與我並生，萬物與我為一」，放

任自然，忘情山水，為小我以至大我之昇華。

接著說「變」與「不變」的相對性，他肯定大自然乃取之不竭之無盡藏，當我們擁有了這個「客觀無限」，則不懼「人之有限」，不再為生命中種種的天花板限制而懷憂。文章透過主客兩人對話，蘇東坡展現了曠懷達觀與頹傷悲觀的對比。

〈前赤壁賦〉最後結語：

苟非吾之所有，雖一毫而莫取。惟江上之清風，與山間之明月，耳得之而為聲，目遇之而成色。取之無禁，用之不竭。

這一段話，經典，成了人類面對浩瀚無窮的心境入場券。

月色下，釐清了近三年貶謫黃州的糾葛，此刻的蘇東坡內心是透亮的、是喜悅的，他一掃〈寒食帖〉人生低谷，心情改觀，思緒轉折，如同「小樓一夜聽春雨，深巷明朝賣杏花」，惱人雨聲一夜失眠，如今換來杏花熱鬧盛開，心情轉念，意境大大不同。只要有大自然的清風、明月，我們可以盡情享受，忘記個體的得失侷限，回歸自然的大我無私。

這種喜悅取之無盡，用之不竭，「是造物者之無盡藏也，而吾與子之所共適」。

超曠豁達，豈是易事？每個人的「生命時區」（Time Zone）不盡相同，成就有快慢，聞道有先後，生命有長短。記住，即使像蘇東坡這樣的大文學家，也是四十多歲才「內心圓潤，聰慧豁達」，不要急，按部就班。

當卡關了，我們如同處在蘇東坡〈寒食帖〉的「心聲蒼涼濕冷如無火的寒食」——「看山不是山」第二重境界，一切都是「不如意」。這時，務必要安然地、耐心地等待雨停，等待雨季過去，也篤信即使在雨季裡，有些花依舊會綻放。

直到「小夏安好」季節更迭到來，雨過天青，時機已現，我們即可「走出困境，轉換視野」。因有困境，才有超曠。因有長雨，才能體會放晴的喜悅。進階第三重境界，終會明白出世入世，順逆安困，豁達與否，都在於一心修為。

作家簡媜在二〇二三年接受《鹽分文學地帶》專訪，她不介意訪綱中有過往的常見問題，她認為人生歷練不同，面對同樣的問題，也會有新想法：「年輕的人有青春的答案，蒼老的人有滄桑的答案，這是人生奇妙之處，一生便是自我發現的過程。」

這篇專訪名稱是〈讓你流淚的，我都已經哭過〉。凡走過三個階段全程的人都懂：人生需要經歷所有步驟，遍嘗種種滋味。如果，你還在哭泣，請珍惜讓你流淚的日子，因為你正在長大。

日本老人的遺憾 vs 路口長跪的年輕女僧

二〇二三年歲末，星期三早上到松江路中國廣播公司上通告，錄「超級美食家」節目，說說餐桌上的食育。我出發得早，時間充裕，在捷運行天宮站下車，慢悠悠地往北步行。在行天宮前的路口等紅綠燈，靜立不噪，松江路與民權東路車流量大，看著對街的寺廟，自忖待回下了節目，再去參拜吧。

轉身，看到有一年輕的比丘尼長跪在路口行人道上，灰布僧帽，一襲僧袍長衫，兩手捧缽化緣，雙目低垂，腰桿挺直。她沉穩如山，靜默不語，彷彿與周遭的南來北往的熙攘人群，形成平行世界。我在想，她是哪家的女兒？這麼年輕。過去我多次看見女僧立跪此地，托缽化緣，沒見過如此年輕歲數者。

暢銷作家和田秀樹出版《如果活到80歲：隨心所欲，不留遺憾！》他是日本老年專科精神科醫師，投身高齡醫療三十五年來，已經照顧了超過六千名老人。新書在二〇二二年三月上市，當日便空降日本亞馬遜總榜冠軍，年底已加印二十五刷，成為該年度最多人閱讀的書，銷量突破六十萬冊。

和田秀樹在經歷那麼多老人家的門診，得有大數據的歸納。他在日本媒體「マネー現代」撰文，細說許多人白髮蒼蒼時，才開始後悔沒趁著年輕力壯，做些想要完成的事情，他整理出「日本老人家最常後悔的六件事」，那些遺憾都是依舊卡在第二重境界的老人家，無法邁向第三重境界者：

一、沒有去做自己喜歡的事
二、沒有去體驗各式各樣的事物
三、太過犧牲自我，去成全他人
四、沒有好好向周圍的人表達自我感情，向他們說謝謝
五、太過擔心錢的問題
六、太過在意醫生交代的事

下了廣播節目，我回頭去了行天宮參拜，信眾很多，摩肩接踵，也欣賞了建築外與外牆之間的長排白千層老樹，現在正是花開之時。再回到路口，又看到這位長跪的年輕比丘尼姿態依然紋風不動，沒有疲態。

日本的老人家，有許多人後悔在年輕時沒有去做「喜歡」的事情，蹉跎歲月，老之已至，遺憾之心日益濃烈。路口這位年輕女子，佛法是你「歡喜」的追尋？這也是一位身為父親的我，衷心的問題。長跪此地，是要藉此苦行去思考、去修行、去頓悟佛法？藉由長跪，堅持勞其筋骨，強力褪去青春懞懂，逕自跳過紅塵汙濁，以魚躍龍門之姿，直接進

入第三重的境界？我長年以為，人生不是都要先「自覺困局」？再「走出困局」？然後才能提升到第三重的境界？

我的女兒跟她年紀相仿，當天這個灰色僧袍身影進入我的夢境，我想起了女兒。

我們都需要練習：找到自己真正喜歡的東西

自傳《我還能再看到幾次滿月？》是音樂大師坂本龍一遺作，去世三個月後才出版發行。坂本龍一生前親自參與新書校對，在大限之前，他有說要說，書中回顧他近十多年來的人生經歷，也記錄了生命中的最後一段日子。

坂本龍一去世之後幾天，他的歌手女兒坂本美雨梳理心情之後，發文悼念「我會一直一直愛著您」。之後，美雨多次接受訪問，談她的父親與生活。但是我卻關注她在言語之間，談到自己可愛女兒 Namako 的未來。「未來想成為一個什麼樣的人？」其中有一段充滿母愛的話：

我要她見識很多人，接觸多元的價值觀。這樣的話，即使她感到挫敗了，仍然可以堅信自己是合理的，能跌跌撞撞找到自己的世界，「如果你能找到自己喜歡的東西就能自由地成長」。

無邪童心，純真直率與善良，是第一重境界；挫敗加上跌跌撞撞，悔恨與否定，是第二重境界；找著喜歡的事，能自由地成長，則是第三重境界。

我退休多年，筆耕不墜，勤拭心鏡，到了後中年，自以為懂得了「看山還是山」。有感對於坂本美雨的訪談，我自問，是否曾經如此引導過女兒？頓挫時，鼓勵她堅信自己是合理的？曾經協助過她，找到自己喜歡的東西？人生路上，對於幫助過她的所有人，她會由衷表達謝意？

《凝視死亡：一位外科醫師對衰老與死亡的思索》心得

這是天下文化於二〇一八年出版的暢銷書。簡介說著：「現代醫學已經扭轉了嬰兒死亡率和傷病致死率，但是面對衰老和死亡，醫學能做的還是很有限。作者葛文德（Atul Gawande）透過自己家庭和病人的故事，描述了衰老、死亡過程中的困擾、痛苦與無奈。」

書中有兩個大哉問，其實這是許多人隱隱「不敢想像、不敢面對、不太願意思考」的殘酷問題，卻是「人生最重要的課題」：

一、你願意人生最後一里路，是眼神空洞的坐在輪椅上滑行嗎？

二、你希望至愛親人的餘生，是靈魂被禁錮在病床上的軀體裡？

上個星期三，與一位三年多沒有謀面的朋友通話，有些印刷的事向他請教。先問他：「好嗎？」聽出一陣糾葛，他緩緩說：「不好！太太突然中風，在加護病房已經一個月。」急救中他同意氣切……，靜靜聽完他的慌亂心情。我問：「你們夫妻從來沒有討論死亡？危急時的醫療底線？」「沒有，我們害怕這個議題……。」

人生所有的愛及勇氣，都為了成就一場不帶行李的旅行

二〇一九年出版的《最後的夏天：人生所有的愛及勇氣，都為了成就一場不帶行李的旅行》。書本的副標題很長，也很白話，提綱挈領說明：

凝視死亡之際，「如果是第三重境界」，當禁錮的心與靈魂自由了，便有機會與能力向心愛的人道別，微笑面對一切，反而不再感到孤單。

作者是五十九歲的安娜．貝爾特（Anne Bert），熱愛生命與自由的她，自從確診「漸凍人症」（肌萎縮性脊髓側索硬化症，ＡＬＳ）後，自主性逐漸被身體所禁錮。她深知不該浪費剩下的人生勉強度日。在法國安樂死尚未合法的前提下，她勇敢為自己的人生做出最後一項選擇。書中有一段文字：

當樹葉紅了庭院，我不再能夠踩著落葉鋪成的地毯，讓腳下發出了如搓揉薄棉紙的窸窣聲。我那好鄰居所採的一籃子牛肝菌，我再也不能想入非非；不再張口咬下多汁的

梨子，也不再讓酸酸的橘子在嘴裡汁液噴濺。巴黎熱鬧的市中心、金黃色的塞納河岸、薄霧，以及霧淞，我都不再能夠親眼看。

安娜選擇在告別之前，以生命最後的夏天進行書寫，內容由幾件事組成：首先，是與漸漸失去功能的身體奮戰；其次，則是盡情感受生命中的小確幸，兩者構成微妙的平衡。

以「自主行動力」來說，安娜每天都發現身體又「淪陷」了一部分，她發現過去輕易完成之事，如游泳、跳舞、開車甚至只是接電話、為自己穿衣，漸成艱難任務。她沮喪而絕望，咒罵身體「如食人魔」、「無恥之徒」，不受控的身體讓她深感被仇視和拋棄。但在詛咒身體的同時，她卻也激起一股鬥志……。

二〇二四年底，迴盪著「盛裝優雅告別」的凝視死亡議題

二〇二四年底，迴盪著「盛裝優雅告別」的議題，先是瓊瑤、劉家昌相繼離世的消息，加上之前剛上映的一部勇奪威尼斯金獅獎的電影《隔壁的房間》，都是「生與死」嚴肅

思緒的擾動、提醒。

電影《隔壁的房間》，是執導《悄悄告訴他》的西班牙金獎名導阿莫多瓦（Pedro Almodóvar）第一部英語片。影片由兩位才華洋溢、影后級的演員蒂妲·史雲頓（Tilda Swinton）、茱莉安·摩爾（Julianne Moore）擔綱演出，一位是罹癌的記者，一位是作家。劇中，罹癌記者挑選一處有碧海藍天居處做為最終場所，她與允諾相伴的作家，兩人像是度假般地入住，兩人隔壁的房間是彼此。

電影的主軸就是「探討生命本質」，導演以近距離的特寫鏡頭，逼視著人物的臉孔，企圖直視透進靈魂深處，似乎關注，或是展現著人類內在對於生命的種種存在：禮讚、喜悅、恐懼與痛苦。

二〇〇二年，電影《悄悄告訴她》被《時代雜誌》譽為「時代百大電影」，導演阿莫多瓦當年五十三歲，他談的是愛情。二〇二四年《隔壁的房間》上映，他已經七十四歲，電影裡他談友誼、信任，也是談著死亡、安樂死、生命自主權。這個年紀正是凝視死亡的好時機，不驚不懼，他已經深思熟慮了。

電影中，每天兩人盡可能裝扮，讓自己神采奕奕。不論在房間裡走動、面海躺椅上看書發呆，或是光影輕輕移動，光陰慢慢踅過，日子更迭，時空彷彿凝結、病痛似乎不再，看似一切如常，甚至有著最後美好時光的錯覺。

我想像過，真的如此嗎？這種臨終的尊嚴真的做得到嗎？在自己填寫死亡通知單日期之前，透過自主安排，友人相伴，那是溫馨浪漫或是另類膽怯？如果我是被邀請陪伴的一方，要如何說服自己基於愛一個人，而「成全」對方的善終。我可以，任由生命在可作為，卻不作為的狀況下結束？

八十五歲的瓊瑤，在二〇二四年十二月一場夜宴與家人相歡聚餐，次日媳婦在臉書上代發了一則訊息：

各位親愛的朋友知音們：不要哭，不要傷心，不要為我難過。我已經「翩然」地去了！……「翩然」是我最喜歡的兩個字，代表的是「自主、自在、自由」的「飛翔」，優美而「輕盈」，我擺脫了逐漸讓我痛苦的軀殼，「翩然」地化為雪花飛去了……。

黎巴嫩作家紀伯倫《先知》書中的〈論死亡〉：

如果你們想了解死亡的祕密，必須站在生命的中心，因為，只在黑夜裡張著眼睛的貓頭鷹，對白天會是盲目的，當然也因此無法揭開，關於光明的神祕面紗。假如，你們真的想了解什麼叫死亡，就必須對生命，敞開心胸，因為，生與死本來就是同一件事，就像，河流與大海是合而為一的。

凝視死亡，是每人的最後大事，那是一趟旅行，一場不帶行李的旅行。

9 落葉無聲，秋雨有情

二〇二四年三月二十八日，《浩克慢遊》「仲夏夜未眠．金山」首播，節目在北海岸進行拍攝，有磺港漁港、金包里街隱藏版市場美食、陽明山的梯田與水圳⋯⋯。最後我們去了法鼓山，抵達時間是下午五點，此時香客與遊客多已下山。走在溪邊小徑，心靜步緩，聲音放低，那是一處自然而然大家都可以找到「靜心角落」的地方，我們享受觀自在的片刻。

正殿前有大大矩形水池，無草無藻，純是淨水一方，水面微微起皺，那是輕風剛剛拂過。水池設計與大殿內手持淨瓶的祈願觀世音，內外呼應，順著觀世音菩薩的視野，出了大門，穿過水池，眺遠下沉的綠野山坡、山底的金山小鎮、更遠的蔚藍太平洋。

拍攝中，克襄與我各自安靜地在大殿中踅行，菩薩前我跪著，多次暗唸著一個數字，當是祈願求籤的依據。籤箱最大數是一〇八，我選擇了一〇七，理由？想著「水滿則溢」的教訓，月圓則虧的哲理，自忖數字一〇七應該是「月幾望」，差一點就月圓了，但不是最圓滿境界。憑著這數字，我祈求到了一支籤。

出了大殿，克襄與我也看著觀世音菩薩同樣的視野方向，我先說著這次「金山之旅」的感想：

本來這次的北海岸小鎮旅行，是一個熱鬧的、開心的旅行。三天來，我們這樣子走著走著，到了法鼓山突然心靜了下來。正如我開始的時候，跟你講過的，我父親就在更高的山頭上面（安葬金寶山）……。這是剛剛在觀世音菩薩前面祈求的籤卡：「面對生命，要充滿無限的希望；面對死亡，要隨時做好往生的準備。」這個文字，也是我七年前開始做的事情。從退休前，一路書寫著「聰明慢老」主題，也一路準備「未來」安好回家。跟隨種種起心動念，有了許多內在觀想。今天抽到這張籤文，驗證著目前的書寫種種，就是原來如此。

我又說著：

這次熱鬧的三天兩夜的旅行終了，靜心想想，回頭再過了十幾二十年之後，我也會來金山這邊當居民的，跟我父親住在一起，也一起俯瞰金山小鎮與東北角海岸。

我把這張籤卡放在鉛筆袋裡，隨身攜帶。回想，原來那天在觀世音座前所悟得的「落葉歸根」，就是這般，天地多大，最後能包容的也就是這樣。

哲人其萎，地震下的太魯閣國家公園嚴重破損

二〇二四年，知名文學家齊邦媛，於三月二十八日凌晨辭世，享嵩壽一〇一歲。

二〇二四年，知名攝影藝術先驅張照堂，於四月三日深夜與世長辭，享壽八十一歲。

一星期內，台灣同時殞落兩位大師，一時網路上哀悼緬懷的文章此起彼落。關於齊邦媛

的部分：有敘述師生之情、講述齊邦媛先生一生事跡、與她接觸時的雪泥鴻爪、讚譽她的文學成就者……文化部則稱譽「一生如文學巨流」。

也是四月三日，早上花蓮大地震，災情新聞一時沸沸揚揚，大家彼此互道平安，也關注災區大小事。另一方面，兩位大師的離世資訊顯得更加落寞。下午，我在臉書貼文：

最近文壇幾顆明亮的星子，殞落。

張照堂，一九四三——二〇二四。地震頻仍的下午，重新讀了他在二〇一八出版的《文。張照堂》。我用我的方式——閱讀——向這位攝影大師致敬。

幾天後，我讀到蔣勳在臉書的文字，說：「這幾年，常常哀悼離去的朋友。」他說的是故友徐國士（自然資源保育實踐者、榮譽博士，二〇二三年三月一日辭世，享壽八十二歲），回憶著「他曾經在一九八〇年代帶領著自己與東海大學美術系學生，認識太魯閣風光：白楊瀑布、砂卡礑、九梅、西寶、文山溫泉，也認識了滿月夜晚的立霧溪峽谷……。」

一九八七年，他們去了剛剛崩塌的長春祠，也祭奠了二二六位開路殉難的魂魄。面臨山川的毀滅，我有許多悲痛無奈。國士兄說：「大自然本來如此。」他篤定沉著，沒有多餘的情緒。

二〇二四年四月三日大地震，除了明顯的花蓮市傾倒大樓建築與人員傷亡，其實太魯閣地形受創最重，支離破碎，國家公園災區修復時間無法估算，宣布無限期關園。蔣勳說：「我懷念國士兄逝去，也懷念他帶我認識的那一片山川。」所謂「災難」種種，「莊子也許會提醒我們，那只是大自然要調整一下自己吧……時常為離去的朋友誦經，今日為我深愛的太魯閣峽谷誦經。」

齊邦媛在生命中有餘燼之火的晚年，寫出《巨流河》傳記

近年，我屢屢到各地演講「聰明慢老」，不管內容著重在當下與時間、好奇心與想像力、興趣培養與創作心流、靈魂任務、侘寂與金繕、向夕陽敬酒……結論時，總喜歡引用齊

邦媛所說：「日落月升，不虛此生，我既不孤獨，又不寂寞，因為『快樂是自備的』。」這是與聽眾共勉，也是我的自勉。

其實，我真正關注到齊邦媛的消息，是她住在養生村六年後完成巨著《巨河流》傳記，震動華人世界。她離開城市與家人，偶而才跟至親老友聯繫的生活模式，深深吸引著我。

話說二〇〇三年，八十歲的齊邦媛獨自一人到了桃園龜山區，勘查還只是樣品屋的長庚養生村。那時代世俗觀念，銀髮族住養老院是「子孫不孝」的象徵。載她前往的計程車司機不忍，問：「兒子呢？」齊邦媛回答：「我才八十歲，還有自己的生活要過。」

二〇〇五年三月十六日，在眾人訝異又尊重之下，齊邦媛提著「基本行李」，住進長庚養生村的二十坪公寓。她說：「在這裡我不再牽掛、等待，身心得以舒展安放、俯仰自適。在明亮的窗前或燈下，開始一筆一畫寫我的生命之書《巨流河》。」

二〇一七年，她又出版《一生中的一天：散文·日記合輯》，書中收錄她在養生村寫作《巨流河》的五年日記，記錄她寫作《巨流河》的心路歷程，也娓娓道來她的「新養老觀」。養生村就是養老院，齊邦媛形容自己是「舊時代的女子」，隻身到養老院的決定，從親友到學生每個人都反對，她卻發揮「東北人的牧野精神」，堅持住進養生村，當起一輩子沒當過的「自了漢」（一個人只顧自己了此一生）。這一獨排眾議的心路歷程，是她在接受採訪時娓娓道來所言。我從報導中讀得她幽微心聲與嚮往，像是王維晚年的〈山居秋暝〉，隨性自適，凡事不勉強，但是處處是風景：

空山新雨後，天氣晚來秋；明月松間照，清泉石上流。
竹喧歸浣女，蓮動下魚舟；隨意春芳歇，王孫自可留。

齊邦媛說她是社區七百零六間老人公寓中第十七位住戶，剛剛遷入之際「惶然無助」，人聲寂寂，社區的樹都是新種的，談不上枝繁葉茂，沒有蟲鳴鳥叫，每天最後一班接駁車離開後，彷彿遺世獨立。她在日記寫下心情：「在一個原不曾夢想的孤獨世界裡，面對自身不可知的結局，孤獨走向虛空。」

這樣的寂然空白與孤獨思索，卻也是面對記憶最好的時空。齊邦媛說，她在這輩子第一次擁有的獨立空間中，開始一字字寫下《巨流河》。「在生命中有餘燼之火的晚年，找到自己真正的書房，寫半生想寫之書。」歲月也許只有走到這個階段，才能如此敞亮清明地檢視人生。

二〇二四年四月十一日早上，我前往松江路中國廣播公司，接受「蘭萱時間」訪談新書《暖綠之旅》，節目中我侃侃談著台灣老樹種種。蘭萱說她最喜歡欖仁樹了，除了春天新葉，寒冬初，葉子開始變色，是最美時刻。蘭萱接著說（帶著小小驕傲的語氣）：「齊邦媛也最喜歡深秋時刻的錫蘭欖仁樹。」接著她找出齊邦媛在《一生中的一天》的一段話，唸出：「紅色與綠色交鋒，生命和死亡互占葉脈，小小的葉子，多大的場面啊！」綠色是生命，紅色是死亡⋯

⋯⋯以前去撿落葉，多存選擇之心——尋找最美好的，如今我已不常有尋找的心情，進入隨緣階段。

身體總不夠好，繞這一公里有時覺得勉強，彎腰選葉感到累，遇到好的就是有緣，帶回供著高興。每天落下的葉子都有相同脈絡，顏色也大多相似，好似昨夜的風和太陽的效力只能染出這種顏色，有一天全美好，有兩天沒得看，全靠風和露水的舒展。每天的落葉常是相似的，色彩潤度都一致，只能去欣賞同樣的陽光和水。

連日冷。落葉美得淒厲，落葉之美驚人。紅色與綠色交鋒，生命和死亡互占葉脈，小小的葉子，多大的場面啊！

佛家的最高境界是，無我

說「無我」，不是說現在的我是不存在的、是沒有的、是空無的。佛教講「無我」的「我」，是變化的我。我就是六尺之軀的人，在一生的歲月裡，也是時時刻刻都在變化。

我喜歡星雲法師的比擬，非常白話：

一個富翁有四位妻子，他最喜歡小老婆，年輕、美麗。富翁去世前害怕黃泉路上寂寞，邀請小老婆陪他，小老婆拒絕：「我年紀這麼輕，這麼漂亮，怎麼能陪你一起死呢？」富翁又問三老婆，答案：「承蒙你愛我、關心我，但是你死了以後，我還年輕，還可以改嫁，所以我不能跟你死。」富翁問二老婆，答案：「不行！這個家平時都是我在當家，你死了以後，還要料理後事；看在夫妻一場，你死了以後，我會為你送葬。」

富翁最後問了大老婆，回答：「我們女人嫁雞隨雞，嫁狗隨狗，你要是死了，當然我們一起死。」富翁自此才知大老婆最愛的是自己。

星雲法師解釋說，這位大老婆其實是「我們的心」，生命結束後，唯有這顆心是自己的，能跟著自己走。小老婆則是我們的身體；三老婆是我們一生得到的金銀財富；二老婆？就是我們的親友、我們的家人，他們也不能陪我死，頂多幫忙後事、祭拜。人的一輩子，最後能帶走的，是「心」，是活著時候所有的「體驗與感受」，是「過去每一個當下」。

活著，隨著歲月，我們有許多「角色」變化，男嬰、男童、少年、中學生、大學生、軍人、上班族、總經理、設計師、大學講師、丈夫、父親、作家、老先生……那是不斷變化的「我」。健康、開心、疾病、歡樂、哀傷、煩惱……那是「我」的變化。「我」是變動的、是流動的，是由許多因緣和合，緣生緣滅所累積的；在生滅之間，昨日的我、今日的我、明日的我，並非固定不變的。

星雲大師說：「無我」也不是說什麼都沒有，而是指能苦能樂、能多能少、能大能小、能早能晚；如此無所不能、無所不是的我，這就叫做「無我」。我想，這個意思接近儒家所說「君子不器」吧，文字本意「志在成為道德學問有成的君子，不要像一種器具，只限單一功用而已！應該是變動的、是流動的、是不限定的」。我說，人一生在世，最終應該有「為自己而活」的選項，揚棄從前種種，可以自在跑在「為自己所畫下的跑道」，有些「困繭」必須自己掙脫。

齊邦媛出生於一九二四年的遼寧省鐵嶺縣。一九三七年七七事變，齊家隨著東北中山中學的師生，一路輾轉到重慶。一九四八年結婚，婚後來台。一九五〇年，隨夫遷往台中，一住十七年，陸續生下三子。一九五三年，她在台中一中教高中英文，直到一九五八年得到獎助，到美國進修、遊學、訪問。兩年後回台，前後教書於幾個學校。一九七〇年，開始在台大外文系兼任教授，講授文學院高級英文課程……她的文氣漸揚，論學更顯謌謌……。

七十九歲時，丈夫去世。當老伴臥病住院時，她開始思考未來，「自己的生活怎麼過？」齊邦媛曾到美國兒子家中住了半年。她說，兒子希望她留下來，但「我有我的生活，也知道三代近距離生活的艱難，不希望喜怒哀樂家人都要管。」

齊邦媛一生有許多角色、許多「我」的身分，八十歲時她決定「無我」、破繭，選擇「為自己過日子」。她的名言：「我才八十歲，還有自己的生活要過。」這句話其實振奮了許多大叔、大媽，也包含了我。關於「獨居」，她說：「一生從未看過這麼多日升月落，也從來沒有這麼多可以自主安排的時間和空間。」從此，她不再牽掛、等待，身心得以舒展安放、俯仰自適。

《麥迪遜之橋》，是「無我」與「我」的為難

《麥迪遜之橋》是一部一輩子要看三次的電影，第一次是結婚前，第二次是婚姻疲乏之時，第三次是五十五歲空巢期之後。這是一九九五年克林．伊斯威特（Clint Eastwood）自導自演的作品。故事很簡單，美國小鎮一個有夫之婦（出生於義大利）汲汲營營於自己的家庭生活，由梅莉．史翠普（Meryl Streep）飾演的女主角芬西絲卡，她生活所有的一切，都圍繞著丈夫與孩子，整日穿梭在廚房與菜園之間。直到某日，丈夫帶著孩子前往他鎮參加養牛比賽，她決定一人在家獨處四天，給自己放個假。

話說，她送走了家人，開啟了期待已久的私人時光的假期，慢悠悠地喝一杯香檳，聽一曲歌劇，這種閒情終於無須被家務打斷。然而這四天的獨處計畫，卻因一位外地攝影師的闖入而改變。這位《國家地理雜誌》攝影師羅伯特，讓她找回了許久未見的夢想與快樂，甚至有破繭而出的激情。

然而，這四天成為了他們彼此的祕密，直到她過世，這段四日戀情才從日記中一一揭

曉……。這是一部熟齡愛情又虐心感傷的電影，留下金句「總有那麼一個人，已消失在生命裡，卻一直住在你心底」。兩人四日的熱戀悸動，四天後，丈夫與小孩返家了，女主角面臨抉擇「走或留」，為愛私奔？為家繼續奉獻，回到常軌？

瞻前顧後，她選擇了平凡，選擇放棄自己乍現、久違的迷戀情懷。天人交戰幾天，在下雨的小鎮街頭，兩人最後一次相遇，雨中的男主角依然等著答案，他望著車內的芬西絲卡，兩人沒有對話。彼此相望中，她沒有下車，羅伯特懂得了，回報一個苦味微笑，那是個令人惆悵的微笑！

這個遺憾的愛情故事，沒有連理枝的結果，沒有比翼鳥的幸福。兩人沒有對錯，僅是「我」與「無我」的兩樣結果。

終究爾後，兩人還是回歸到自己的生活軌道。只是，他們彼此都未曾知道，在爾後的日子，芬西絲卡訂閱了《國家地理雜誌》，每年生日當天，她都會一個人回到兩人曾經野餐的地點；而一直認為沒人賞識他作品的男主角，則終於出了一本攝影集，名為《四日的時光》。

臨死前，她說：「年紀愈老，愈沒顧忌。」決定告知兒女曾經的四日靈魂真愛。她給兒女的遺書說：「我生前為了你們，守護住了這個家；死後，我希望自己能陪著他。」「如今我把故事告訴了你們，你們把我的骨灰撒在麥迪遜之橋吧。」「我把自己的生命獻給了家人，是時候該把靈魂，交給羅伯特了。」

「無我」有時需要勇敢，當跨出去時，生命軌道便開始改變，許多不一樣的故事即將鋪陳而出。齊邦媛搬入養生村，不改初衷，同時她也把老師、妻子、母親等等身分擱下，回到「純粹夢想、熱情」的「無我」，八十歲時終於可以坐下來，坐在「自己的書桌」前，寫出她少女時的大時代故事。

齊邦媛去世十四天後，《聯合報》、《中國時報》頭版刊登一則署名「羅齊邦媛」的廣告，她向社會大眾優雅告別：「再次感謝所有一切賜予我的溫暖。」

道家的最高境界是，無為

「無為」，太多人詮釋過了，甚至著書倡言道家種種哲學。我所知道的「無為」，不是什麼都不做，是「不妄為」，樹木的成長是自然規律的表現，若沒有天時地利人和，不可能開花結果；若強求其生長，或快速生長，或快速結果，均是妄為。

二〇二三年冬天，台東縣陷入乾水期，大地乾枯，我必須時時常常幫草木澆水。從十月開始持續到次年四月中旬。九月三十日海葵颱風橫掃過後，院子滿目瘡痍，收拾殘局後，進入復健階段，因為雨水缺缺，被怪手蹂躪的草地，被強風吹斷的殘枝剩葉，都需要「人工」灌溉才足以續命。可是住家沒有自來水，僅靠著都蘭山有限的伏流井水，必須斤斤計較流量管制，草木復健進度有限。

好消息是，當寒風去遠，清明時節依舊缺雨，澆水量維持一樣，草地卻已是莽莽萋萋，樹葉蓬茸茂盛。原來季節對了，那些稀疏樹枝快速抽高，顯得蔭翳森然，乾禿草地也蔚然綠意。「無為」並不是冬天不澆水，而是持續灑水以維持生機，讓它長根，只是「不要妄想鬱鬱蒼蒼」……澆水、澆水、持續澆水，我覺得我在修行。等到了春天，惠風輕拂，雖然雨量還是非常有限（不像北台灣雨量充沛），我依然晨昏勤加澆水……但是，不是刻意哪一天開始，大自然漸漸回報我枝繁葉茂，綠草如茵，滿園欣欣向榮。

老子講「無為」不是消極的，不是什麼事都不做或是懈怠，而是讓事情自然發生，這也是他強調同時要「無為而為」。老子以為生命之有限與存在之困頓，來自於人的有心有為，因為人的有心有為，這個世界就變成了有限的世界。反之，不妄為則是無限的世界。「無為思想」，是老子做為開拓生命無限的實踐進路。

《海街日記》是「無為」與「為」的日常

是枝裕和執導的電影《海街日記》，二〇一五年獲得第三十九屆日本電影金像獎最佳影片、最佳導演、最佳攝影和最佳照明獎。故事背景：鎌倉地區香田家的三姊妹，二十九歲的護士香田幸（綾瀨遙飾演）、二十三歲的銀行上班族香田佳乃（長澤雅美飾演）和二十歲體育用品店員工香田千佳（夏帆飾演），三人一起在外婆過世後留下來的傳統黑瓦屋裡相依為命。

某日，她們得知十五年前拋棄她們另娶外遇對象的父親之死訊。她們決定至父親的告別式上盡最後的義務。身為大姊的香田幸，事隔多年，對拋棄她們的親生父親仍無法釋懷，而佳乃和千佳當時因年幼，對生父印象模糊，沒有太多情緒。

三人在父親的告別式上，意外的與十四歲同父異母的妹妹淺野鈴（廣瀨鈴飾演）相見。三人得知了鈴的生母，也是當年她們父親另娶的外遇對象已過世。父親之後又再娶，這是三婚，但繼母並未善待鈴，父親過世後，鈴更是無人可依靠。三姊妹不忍鈴陷入孤苦無依的日子，於是決定接鈴同住，四人像真正的家庭一樣開始一起生活……。

這部電影我至少看了三遍，喜歡影片裡平凡的日常細節，卻探討著「我們在家庭中學會愛，也學會傷害」。故事中，闡述爭吵、死亡、離別等都是人生不可避免的，也因為太過痛苦，往往在記憶中留下沉痛的傷疤。故事中，淡淡說著如何放手、如何和解、如何重新看到眼前的美好風景。

電影裡，姨婆（樹木希林飾演）的口頭禪是「活著的東西都是很費工夫的」。這個態度，是貫穿全劇的靈魂，也成了姊妹們小日子的潛意識。導演以姊妹四人共同動手驅蟲、採摘、清洗，費工地釀製「家傳梅子酒」的劇情，悠悠說著「細工慢活的梅酒，能讓人想起家的美好味道」。最後，大姊香田幸拿著「姊妹們新釀的梅酒」和十年前外婆釀製殘剩不多的「半瓶老梅酒」，輕柔地交給了即將搭車離去的母親……香田幸最終原諒了母親遺棄她們的種種，也釋懷「鬧彆扭」的自己，跟自己和解了。

是枝裕和在《海街日記》裡想要表達的，我以為是「無為」哲理，人生不會全然沒有意義，後悔過、哭泣過、歡樂過、無聊過……「感到活著」就是意義。當你感到人生低潮時，停下或放緩腳步，重新看看周遭已習以為常的人、事、物，不要只是將就過日子，當然也不是太用力感受生活。我以為，小日子裡或許能輕輕婉婉感受到生活的美麗。找回生活的態度，對於未來每一天的到來都能感到期待，即時在離別的時候。感到活著，感受到美麗，就是「無為」。

「看到事物能夠充分感受到美麗，還是非常、非常開心。」

丈夫死後，齊邦媛寄住兒子家半年，她感悟到了這個年紀「不希望喜怒哀樂家人都要管」。所謂「無為」，就是找一個能讓自己自由自在、舒舒適適生活的地方，不用周旋、不用應對、不用攀比、不用顧忌……就是你的歸處。

傍晚，她喜歡踅走養生村的庭院樹下，尤其撿拾秋天的落葉，欣賞天寒而改變的有情葉色。「陳綠向參差，初紅已重疊」，當她撿到了因天寒而霜紅的落葉，那是生命最後的絢爛。淡然自己的生死，感懷天地，舉重若輕，溫柔地寫下「紅色與綠色交鋒，生命和死亡互占葉脈，小小的葉子，多大的場面啊！」

從落葉中，凝視自己九十多歲的生命，或婉轉，或悲傷。依然有生的希望裡，那些就是「無為」。落葉無聲，秋雨有情。

《最後的假期》是「無惡」與「惡」的心境

我從台東回到台南安平的住家，久居都蘭，已經三個星期沒有回來了，冰箱中的食物早已清光。樓下的好友夜裡簡訊問到：「明天早餐送去你門口，烤吐司、水煮蛋、熱咖啡？還是拿鐵？」我都來不及回信，簡訊又來了：「小孩子才做選擇，大人全都要。」我知道這是電影《終極假期》的台詞，女主角把法國料理菜單各點了一道……真是謝謝朋友的善意與友誼。

《終極假期》（*Last Holiday*）也稱之《最後的假期》、《最後旅情》，是一部二〇〇六年的美國懷舊喜劇電影，由王穎執導。故事說的是任職於百貨公司炊具部門的一名內向、謙遜的銷售員，同時也是渴望從事專業烹飪的浸信會合唱團成員。女主角喬治雅有一本私人剪貼簿《可能之書》（*Book of Possibilities*），是她對美好生活的嚮往，記錄她的夢想。

陰錯陽差，她被誤診得了只剩幾個星期生命的絕症。獲知此事的喬治雅既震驚又悲憤，她握拳望著天空，向老天控訴「我所有美好的夢想都未實現」。她轉念，辭去工作、清算她的資產，動身前往捷克卡羅維瓦利的普普大飯店，展開了夢寐以求的豪華假期，主要是去享受飯店裡狄迪埃大廚的美食。

對死亡不再畏懼，喬治雅「豁出去了」，從內斂拘謹、小心過活到自由自信，從格格不入到炳然樂觀。這種大度開闊的氣質，引起飯店那些社會名流對她的好奇。「這個女人是誰？」劇中幾個小小突發事件的應對，同時，也因為對死亡無懼，甚至展現了對冒險大無畏，眾人對喬治雅所散發的自由精神所吸引，甚至贏得了那位自視甚高主廚的知音禮遇。故事是喜劇，末了她獲知是誤診，也獲得她心儀男生的愛情……她的《可能之書》則改名為《實現之書》（*Book of Realities*）。

電影裡兩個橋段我喜歡。其一：喬治雅與狄迪埃大廚，清晨兩人一起採買食材，事後散步著，大廚對她說：「我們都知道生活的祕密……生活的奧妙就是奶油。活在當下、做真正的自己，就是專注於生活中那些美好的事物。什麼世俗眼光、什麼名利得失，都不如送到嘴邊的那一口奶油美食。」

其二，在跨年晚宴裡，喬治雅被公開質疑不是什麼大亨，只是一位平凡女店員。面對訝異的眼光，喬治雅優雅微笑說：「花光所有的錢，因我就要死了，當我發現自己只有三個星期時間時，我也難以接受。但我來到這裡，不敢想像還登上了滑雪雜誌封面。我來這麼美麗的地方度過餘生，而且做了很多以前想都不敢想的事情，所以，請原諒我實話實說。」

接著她說：「我已經浪費了太多時間，不敢做自己，也不敢說想說的話，也許是因為害怕，多了種種顧慮，日子總是低著頭不停地後退。直到有一天，仰望天空，自問我怎麼就到了這種地步，怎麼會這樣？」現實生活中，有許多事情根本不值得我們擔心。電影所言：「人生很有限，記得把時間留給重要的人事物。」

儒家的最高境界是，無惡

齊邦媛備受尊敬，八十歲搬入養生村，遠離親友，自在生活自適寫作。生前，她多次致電或交代親友，表示一旦自己離開這個世界，希望大家不要特別為她舉辦追思會。「我不是一個熱鬧的人，我想我應該做一個好的表率，不要叫別人拿俗套紀念我」。她告訴親友和讀者：「我很愛大家，如果我走了，希望大家安安靜靜高高興興紀念。」

我非常喜歡閱讀齊邦媛《一生中的一天》輕柔的日常，書裡有一大篇〈日升月落．最後的書房〉，其中有一則日記：

寫第七章〈心靈的後裔〉。

近日書寫進展令自己欣慰，這燃之未熄的油燈竟有如此力量支撐，所有知道我前半生的人都不易相信吧！這後面有神奇的更大力量，上帝和愛。筆停時，就思索痛苦的意義，總也有能說明白的一天吧！

為家世背景，請簡媜買來《長城》二冊，兩千年的歷史，尤其塞外的聚散史，令我極度耽迷，幾至目眩亦放不下。

今晚村中有新嫁小友，護士小姐譚孝華來辭行，我贈一把桔梗花，久違了的極喜愛的桔梗花，美麗的，有家的日子！

一則家常日記，內容包含了閱讀的喜樂、書寫的欣慰、宗教的大愛。她也送了新嫁娘一把桔梗花，花語：永恆的愛、不變的愛、永世不忘的愛。花語也是誠實、柔順、悲哀、直接而毫不隱瞞。齊邦媛祝福新婚小友，日記最後的筆停在「有家的日子」，我不知這是她的獨居勇敢？有家溫馨？無家遺憾？祝福新娘有新家？我假設她是「士大夫的仁愛」吧！

面對即將的死亡，《終極假期》女主角喬治雅，處理情緒之後，大步邁出，讓自己夢想開始滾動。二〇〇七年電影《一路玩到掛》（*The Bucket List*）也是教我們如何面對生命的終點。電影講述了兩個患了末期癌症的病人艾德華．柯爾（Jack Nicholson 飾）和卡特．錢伯斯（Morgan Freeman 飾），他倆如何在餘下的日子裡，在旅行中完成他們的遺願清單，並在旅途中找到了生命的意義和價值。他們最後度過豐盛和歡樂的人生。

我們從這兩部電影，一窺西方的生死哲學。但是，從齊邦媛的遺囑與日記，卻顯示了東方的生死態度，儒家對喪葬「事死如事生」，面對死亡不需恐懼疑惑，齊邦媛以仁者思想穿越生死，不介意儀式，拒絕繁文縟禮。她的二〇〇八年元旦日記：「真不容易啊，我居然能活著慶賀自己活著，寫著一生惦念的人與事！在人間歲月我已八十五歲了。今年若能出書，而且對今日或後世讀者有意義，我即沒有白活這麼多年了。」

孔子之學，稱為「仁學」。仁，無惡。子曰：「苟志於仁矣，無惡也。」譯文：如果立志於仁，就不會做壞事了。譯文更深引伸：假若以仁做為志向，以愛人之心為本，所以能以仁厚待人。堅定不離開「仁」，就不會有向惡之心。

我敬稱齊邦媛先生的晚年，無我、無為、無惡。

10 回到幾畝田園，人生原點

網紅「巴毛律師」陳宇安在臉書發文寫道，近日在寶雅購物結帳時，被一位阿媽插隊，她好言對阿媽說應該要依序排隊，結果阿媽竟理直氣壯地回嗆：「我的車現在違停在路邊，你不趕快讓我結帳，被拖吊了你要負責。」

文章發表後，網友熱烈回應：「阿姨總是強大」、「臉皮厚成這樣也真的是無敵了」、「好像博愛座老魔的邏輯ㄟ」、「這樣的人沒出來選（立委）……太浪費了」、「你應該要敬老地跟店員說，讓她先結帳，她的時間不多了」、「悲哀的老人，為老不尊」……

當一個社會達到聯合國人口高齡化的「超高齡」標準，就是超過六十五歲國民達到二十％時，官方稱之「超高齡社會」。如果占七％以上，稱「高齡化社會」，達到十四％，則稱為「高齡社會」。

一旦高齡化，就會出現許多此類的新聞、經驗、現象。社會學者稱之「年齡歧視」（Ageism），世界衛生組織（ＷＨＯ）指出：「這是根據年紀來攻擊他人的刻板印象、偏見與歧視……對老年人來說，年齡歧視是每天都要面對的挑戰。無論是求職上被忽視、社會資源上被限制、媒體中的刻板印象等，年齡歧視讓老年人被邊緣化，排除於社群之外。」更糟的是，「雖然年齡歧視無所不在，但卻是社會上最被『合理化』的偏見，相較於種族歧視與性別歧視，年齡歧視鮮少被人反對。」

其實，阿媽插隊的事件，應該以「家教」問題討論，而非「老魔」定論。

「刻板印象」是很驚人的能量，如果以榮格說法，「年齡歧視」應該歸類在「社會潛意識」。每一世代有自己的社會潛意識，每個階級也有自己的社會潛意識，每個地域、文化、行業等等各有自己的無意識的共識、慣性價值觀，甚至行動的準則。

台灣進入超高齡社會，年輕人怎麼看待年長者？年長者如何看待自己的世代？

有時，到了一定歲數，我們應該回首八千里路雲和月，退休前，我們該思索什麼？

我聽過聰明的老人說：「人過五十，富養自己。」富養是什麼？富養，其實就是給孩子豐富支持的一種教養方式，尤其在物質和教育資源上，那是家人對待「第一次童年」的厚實支援。

「一身二命」哲學，就是說一個身體兩次人生，五十歲是後半生的開始，可以想像，它是第二階段的「新童年」，這一次是自己給自己「第二次童年」的支援，重新豐富滋養與思維學習，也記得慷慨、勿忘善良。

「人過五十，富養自己」從「低耗生活」開始

活到中年，都會在當下策馬江湖生涯中，偶而興起「如何知天命？」念頭，有時懷疑「就這樣過了一生？」

可能太忙亂了，太勞碌了，這個稍縱即逝的感觸，往往在一波手忙腳亂之間消弭了。但是它又不時冒出，像癢又不癢，一種說不出的徬徨與無助，從何說起？煩人的念頭頻率漸高，卻不知從何開始思索，未來的人生謎團，雲深不知處，於是有了中年哀樂。以前開心的事現在無感，以前熱衷的事現在淡漠，以前一起攪和的朋友現在話不投機。「我不快樂！」成了表徵，開始懷疑「難道我有憂鬱症嗎？」

「人過五十，富養自己」，有幾個階段，初步要從「低耗生活」開始。那是一種修心養性的體驗，靜下來、慢下來，緩緩細細讀著一首詩，在畫廊裡把腳步停在幾張作品前，大樹下可以感受輕風徐徐，閉上眼睛聆聽古典音樂，如果有一杯單品咖啡……，這個「行到水窮處，坐看雲起時」能力的養成，其實不容易……但是它卻是「知天命」的暖身題。

「低耗生活」倡導低物質，不要浪費。換個角度是，人到了一定的年紀，必須懂得該花的錢，什麼是值得的開銷。該做的事、該享的樂，搞清楚事情本質，別盲目跟人攀比。建立一種思維，然後堅定地理解退休生活的本意，「太過努力，容易搞砸生活的本質」。年輕時的職場大家快跑競技，退休後的慢生活，則是一場持久馬拉松，如何走得遠，才是最高生活原則。

楊絳先生說「人」字兩筆：一撇寫前半生，一捺寫下半生，前半生寫執著，後半生寫釋懷。前半生在他人的世界裡修行，後半生在自己的世界裡自由。問題是，站在自由之前，很多人卻步了，不知道從哪裡踏出第一步。

人生一半一半，關於「低耗生活」，有一部電影值得深思：

二〇二〇年電影 Nomadland，大陸譯為《無依之地》，香港譯為《浪跡天地》，新加坡則與台灣相同譯為《遊牧人生》。第七十八屆金球獎中獲得四項提名，最終贏得最佳戲劇類影片以及最佳導演。導演趙婷才三十八歲，憑藉驚人的說故事能力，成為第一位獲得該獎項的亞裔女性，繼李安之後，第二位生涯獲頒金獅獎和金球獎的華人導演。《遊牧人生》電影獲獎無數，橫掃奧斯卡金像獎、威尼斯金獅獎、英國電影學院獎……最佳影片、最佳導演、最佳女主角……並被選為二〇二〇年十大佳片。

電影改編自報導文學《遊牧人生》，描繪了二〇一一年美國在金融風暴衝擊、工廠紛紛關閉後，內華達州的一座企業小鎮經濟崩垮，發展出以車為家的新型態社群。法蘭西絲．麥多曼（Frances McDormand）所飾演的女主角芬恩，在喪夫後收拾行囊、駕著僅有的車，不得不展開一趟公路之旅，成了漂泊不定的「當代旅居者」。電影開始，芬恩說：「我不是無家可歸，我只是沒有房子。」影片緩緩地講述她的特殊工作方式、遊牧生活型態與種種的內心世界。

電影一百分鐘，沒有明確主線的故事當中，觀眾就像是游牧漂泊族，跟著她隨時啟程，隨時離開，總是在路上。節奏慢慢，她的故事隨著旅程與各個旅人的交談中，漸漸拼湊而成，那些遊牧人們的真實人生也開始立體化，純粹的悲與喜，誠摯感人。而路上的風景，總在孤獨中帶著自在……。

中年後，「低耗生活」有時會讓我們更能體驗生活、察知生命。看似一無所有的芬恩，我們隨著她的遊牧、流浪生活體驗，多了審視自己的不同角度。我們會懂得尼采所說的：「沒有真相，只有角度。」視角就是一種價值選擇或者價值判斷，任何事實都不是孤立的，都是指向某些帶有價值的目標，而我們如何去詮釋它。

第一階段：失去。這個階段中年哀樂難免發生

「人過五十，富養自己」第一個階段：「失去」。

《遊牧人生》有一段，是女主角愷切地描述她的「關於失去」，其中「親人逝世」永遠是生命中不容易承受的痛，導演說出「一個對於家與歸屬的溫柔提問」。我則在劇情中，讀到導演針對「人應該要如何活著」提供選項與女主角給的答案。在片中芬恩為在旅途中遇到的年輕人，引述了自己年輕時的結婚誓詞，出自莎士比亞《十四行詩》中的第十八首：

我怎能把你和夏天相比擬？
你比夏天更可愛、更溫和；
狂風會把五月的花苞吹落地，
夏天也嫌太短促，匆匆而過；
有時太陽照得太熱，
常常又遮暗他的金色的臉；
美的事物總不免要凋落，
偶然的，或是隨自然變化而流轉。
但是你的永恆之夏不會褪色，
你不會失去你的俊美的儀容；
死神不能誇說你在它的陰影裡面走著，
如果你在這不朽的詩句裡獲得了永生；
只要人們能呼吸，眼睛能看東西，
此詩就會不朽，使你永久生存下去。

這首詩，說著人世短促，我們卻能歌頌人的生命能夠不朽地寄存於世。女主角感概人生苦短，她時時提醒自己的初心，「繼續散發出當時的芬芳」。

我們的生命後半場，進入「失去」階段，中年哀樂就難免發生，有些人開始背負著記憶前行，步履蹣跚；有些人的步伐依然沒有方向、沒有目標，只是不停地走著；有些人繼續努力走了一大圈，卻發現自己一籌莫展……。

《遊牧人生》從莎士比亞的詩文中提出「永恆」議題。芬恩在最後提到她父親常說的那句話：「有人惦記著的事物，就依然存在著。」從這個觀點得知，「回憶能使事物成為不朽」，並不需要跨越久遠的時光，它仍為人所知，而只要那些逝者能夠依然為珍重的人所惦記，這些逝者就依然存在著。這也是生死學裡很重要的一堂課，哲理深邃。

我們還活著，明天依舊日出月落，我們還有事要忙呢。

第二階段：提醒。「你是可以飛的，只是忘了」

明朝《了凡四訓》作者袁黃，中年後號「了凡」。他在年輕時遇見一位算卦高人，在母親同意下，此高人推算其終生的吉凶禍福，說他將來在童生考到十四名、提學能考得七十一名、鄉試則是第九名，哪一年應當補廩生，哪一年應當做貢生，等到貢生出貢後，之後可以任職四川的縣長。高人繼續說：「你只能活到五十三歲，忌日是八月十四日的丑時。做官只能三年半，可惜你命中沒有兒子。」

後來，所經歷的科舉之事一一應驗，甚至一些生活小細節也靈驗了，令人驚呼。袁黃最終深信不疑，關於他的人生，「一個人的進退功名浮沉，都是命中註定」。而走運的遲或早，也都有一定的時候，所以一切都看得淡，不去追求，任憑春花秋月。

直到他在棲霞山遇見了雲谷禪師，禪師對他說：「人，本來就有胡思亂想的意識心，既然那一顆一刻不停的妄心都在，那就不要受到陰陽氣數綁住了。」他說一些積善之人，「命數」是拘不住他的，這是哲學思維。袁黃如大夢初醒，自號為「了凡」，說明他有了「明悟立命」念頭，不再落入凡人俗志的宿命觀。

自此袁了凡開始「積善」的人生旅程，從發誓要做三千件善事，最終完成一萬件善事。他與妻子相互鼓勵，行善積德，後來也有了兒子袁天啟；在五十三歲那年，無病無災，身體健康；六十九歲時，將一生體驗寫成了著名的《了凡四訓》；最後以七十四歲作終。

這是古人所言；「走上修煉的路，就改變了自己的人生。」也是現代人所說：「人，是以餘韻決勝負的。」命運蛻變的哲學，屬於「神性的呼喚」，如果自我覺察啟動了，就會發現我們其實是有翅膀的。「人過五十，富養自己」第二個階段：「不要忘記，你是可以飛的」，然後傾聽內心的呼喚，找出靈魂使命的訊號。

一個人真正的成熟，是從懂得認識自己開始的。

許多人在前半生跌跌撞撞，在面對後半場，如何放下「自己的過去」，就成了大課題。諮商心理師會說：「走不出來沒關係，只要面對傷口就是新的開始。」這句話的另一面是，也許傷口還在隱隱作痛，但是面對，就已經是療癒的開始。我的說法是：「恭喜你，你的傷口都是別人世界的自己。」如果你願意重新開機，你的後半生是「唯一自己」的新生活，俯瞰眾生。可以寬恕他人，更可以風華自己。

我喜歡活到一〇二歲楊絳先生的話：「生活，一半煙火，一半清歡；幸福，一半爭取，一半隨緣；人生，一半清醒，一半釋然。」懂得清歡、隨緣、釋然，這三個都是後半生境界。

我有一位快六十歲的摯友，他身邊有許多舊友已經陸續退休，生涯規劃有隨波隨流者，有系統地攀越其他山峰者。後半生大家的承受力不同，人人境遇不同。他有些困惑，65＋前要做什麼準備？經濟？健康？心態？八十三歲守寡的母親看起來比他樂觀豁達，獨立活躍，而自己卻有了或多或少的病疾。要撐得比自己老母親更久，竟成了他的目標之一。

偶而與他喝小酒，他說：「65＋前要做什麼準備？」已經有了想法，下次再詳細說明，也想聽聽我的意見。我以為一個人生成長的常態路徑：

二十至三十歲，Do Everything，年輕學徒精神。把沒有意義的事，做成有意義的事。
三十至四十歲，Do Same，職人精神。反覆練習基本功，喚醒體內的一流意志。
四十至五十歲，Do Deep，匠人精神。做得巧，透過磨礪心性，使工作變得豐富。
五十至六十歲，Do Smart，智者精神。開始用學得的智慧幫助別人。

其實，我自己一腳就跨入六十歲，沒有慌亂狀態。孔子所言「耳順」能力，自然而然從隱處慢慢浮現：我發現閱讀與聽人說話的能力變強了，別人所說的，別人沒說的，內心就能直覺與之相通，這是有趣的成熟能力，無須再做一番反思工夫才能獲得。許多事瞭然清晰，開始不驚不懼、不喜不樂、不怒不恨……。

我有一概念：要先有input，然後在積累中找出觀點，才能懂得output的意義。一進一出，活水突泉，涓涓細水或是奔瀉流淌，隨性即可。在自我介紹文中，我說：「對於知識的輸入，像是油井的挖井工人，從一個點鑽入之後，一直深入到最根底處開採。對於文字的輸出，則像是一位數學家的橫向思考，習慣把不相關的東西，找到新關係。」這是我的體悟。

人生，是為了價值完成。懂了，就知道該準備什麼了。

第三階段：方法。「樹枝尖端繼續長出新綠嫩芽」

八十八歲的石川恭三，是日本杏林大學內科學名譽教授、臨床心臟病學權威。他曾說：「看到樹枝尖端，長出新綠嫩芽時，不知那裡竟能潛藏著如此強大的生命力，不禁驚嘆大自然力量的偉大。」這有如新芽般的力量，也會從體內升起，提醒人們不要對老化坐以待斃，50＋是關鍵的「起跑點」。

大家都說，中年後要進行些有益身心的活動，這個至關重要，問題是怎麼做？坊間有許多對於橘色世代的養生建議，也有許多過來人經驗，大家對一些人瑞的生活樣態或是祕訣趨之若鶩。我喜歡石川恭三所言日常生活的活力、身心平衡的「五字祕訣」。他長年提倡的健康習慣，簡單也對味，可歸納為「一、十、百、千、萬」口訣，我喜歡他的言簡意賅：

「一讀」，每天讀一篇文章，提高腦部的認知能力。

這麼做讓大腦還是保持熱機狀態，非常重要，是遠離失智的好辦法。腦科學研究：「閱讀」是藉著腦部原先發展來負責視覺及語言的區域在作用，所以「閱讀」幫助我們「終身學習」。要知道在這個資訊快速運轉的時代，每一種事物、每一個行業，遲早會迎來無法預測的變化，終身學習成為時代的要求。

「十笑」，大笑十次可以增加免疫力、提高記憶力。

我曾經代替朋友陪著他父親到了成功大學榕園，星期日早上，樹下有一群人進行「笑瑜伽」。現場我不能當旁觀者，也要投入大家的冷笑話、假笑、虛笑、勉強大笑……五分鐘後，神奇的是我完全被感染了，像是劇場暖身後可以「入戲」。這是一次開心的「不害羞」經驗。原來大笑能增加腦內啡，增加幸福感。石川恭三說每天笑十次，笑出聲音，不僅可以提升免疫力、抑制癌症與感染症狀，還能增加腦部血液流動，活化腦部運作，提高記憶力。

「百吸」，深呼吸一百次，放鬆自律神經、按摩呼吸系統內臟、降血壓。

腦神經醫師說，深呼吸可以幫助入睡、降低壓力、抗焦慮，還能改善記憶力。中醫師也說，道家養生深呼吸時，因橫膈膜上下活動的關係，在一吸一吐、一緊一鬆的過程中，能按摩到腹腔中的內臟、增加血液循環。能量心理學者說，有些呼吸方法可以啟動療癒、能量密碼……從生理到心理，甚至心靈層次。

「千字」，腦內科醫生說，手寫千字是預防失智的特效藥。

我很開心得知這個訊息：手寫千字。這個對我而言是日常，我看書、看臉書、看YouTube等等都有動手做筆記的習慣；有時寫寫小詩，也是在筆記簿上塗塗抹抹尋找靈感；視訊開會時，一樣會做筆記，甚至手繪參與者的素描。石川恭三建議，即使寫下昨天的三餐內容或是活動，也滿好的，他非常建議，「這是預防失智症的特效藥，有挑戰的價值！」

「萬步」，增加腿部肌肉、刺激骨骼、提升認知機能。

人到了一個歲數，尤其退休者在日常成了宅男、宅女，整天窩在家裡，那是心理與生理崩壞的淵藪。「雙腿有『第二心臟』之稱」是基本常識，透過健走，能將下半身滯留的血液更容易帶回心臟，這是預防代謝症候群……。「走路」是生理健康問題，也是哲學的命題。

法國作者斐德利克・葛霍（Frédéric Gros），在二〇一五年出版的《走路，也是一種哲學》，被列為「暢銷經典版」。書評說：「有時我們應該做一件非常奢侈的事——在自己生活的街區裡漫步。」作者以哲學家的「嚮導身分」帶領我們，邁出步伐，從文學、歷史與哲學中尋找「走路」帶來的啟發。作者以充滿哲思的散文，給每一個壓力過大、焦慮緊張、精神疲憊的現代人，提供簡單的生活解方。

第四階段：心態。「找平衡、找興趣讓自己開心」

世界經過肺炎疫情的三年，回視過往的封閉歲月，大家發現這場疫情不僅改變人類的生活，也重新定義大眾對於美好生活的想像。

50＋的「前退休族」，許多人在退休前，開始找尋人生意義。我以為，閱讀兩位西班牙作家聯手的《富足樂齡：IKIGAI，日本生活美學的長壽祕訣》可以找到生活靈感。這個日式哲學甚至值得深思。作者倆在沖繩走訪當地老者，得到結論：「一種神祕的東方生活哲學——ikigai，解釋了人活在世上的所有一切事物，也開啟你我的生命意義和價值！」

沖繩的百歲人瑞高達六百多位，他們為什麼都這麼長壽呢？作者田調研究結論：因為他們秉持著 ikigai 人生觀。ikigai 是什麼？用日文是寫成「生き甲斐」，直翻成中文就是「生存的價值」，簡單解釋為「讓你每天早上起床的理由」。這個直譯令人好奇與期待。

我們每天起床為的是什麼？

作者把日本哲學 ikigai，以企業管理方式分成四大元素，非常有巧意，容易理解，也方便梳理自己的狀態，尤其在面對50＋、60＋的人生，自己在筆記簿裡塗鴉，然後慢慢歸納四項：

一、你享受的事情。是興趣之事，不是專業的事，是讓我們有熱情的事！
二、世界需要的事。「你希望這個世界的哪個部分，可以因你而變得更好？」
三、別人會付錢請你做的事。人生長路，油箱與麵包還是重要的。
四、你擅長的事。不盡然是大事，小小的「你做得輕鬆」別人不見得的事，亦可。

歸納之後，進階下一步，嘗試把四個元素，兩兩排列組合，畫出兩個圓，彼此有交集部分。那個兩兩交集的地方，得有四個清晰明白的主題，更精準地說，可以「幫我們找出生活的意義」的思考，那就是我們每天期待起床的理由：

使命＝你享受的事情＋世界需要的事
熱情＝你擅長的事＋你享受的事情
職志＝世界需要的事＋別人會付錢請你做的事

專業＝別人會付錢請你做的事＋你擅長的事

當企業管理遇見人瑞族群，我們得以簡單地梳理出：退休了，我能做些什麼？我應該做些什麼？世界需要我幫忙什麼？

最後的最後，回到幾畝田園的人生原點

回到原點，然而原點在哪裡？人生最後「看山還是山」的意境是什麼？

我在《無照心理師的沙發》有一篇「訪談五代十國的馮道」，請他說說人生最後的最後。在華麗血腥的時代，他的職場經歷無以倫比：退朝、退休後回到生活原點，他的原點是什麼？這一篇文章稱之〈有時書一卷，酒一杯〉，我在文章最後寫下他的心聲：

過去，我在朝廷崗位堅持下去，並不是真的堅強或戀棧，而是沒有選擇。時間不再年

輕，衰老已經站在對面，孤寒成了唯一的體溫。過去曾經俯瞰茫茫塵世，現在則是下坡後的來時路，必然的荒煙衰草。如果，還有偶而的輕風片刻，就讓自己活得像雲般自由，成就終老時的解脫與瀟灑。

《無照心理師的沙發》也有一篇「訪談八十五歲老先生陸游」，文章名稱〈守住最後一盞燈〉。他喜歡喝茶，我們在談茶之後，請他說說「六十五歲回歸桑榆，自稱野老，也自稱惰農」之後的退休生活與餘命管理。

馮道退休，一年不到他就去世了；陸游退休，仍有二十一年歲月。

在七十歲前夕，我想說的是「靈魂任務」，每個人都有自己的靈魂任務要達成。站在夕陽前，我們看著遠處和煦、橘黃、不刺眼的光芒，也要回頭看看身後，那個長長的影子，它就是我們的靈魂任務。凝視死亡，必須先凝視自己的影子。

近年來我隱居都蘭山下，二〇二四前半年台東少雨，田園草木乾枯，晨昏需要勤加灑水。

期間，當我背向陽光看著影子，手中膠管澆出水花，眼前就是一道彩虹，隨時呼喚而出。
過去是夜雨敲窗，現在是幾畝田園。

卷末詩

給未來，留下一首藍色的歌

留駐人間的時間，不多
要歸去了
即將不屬於的人間月蝕，我知道未來會淡忘
捽碎的珍珠項鍊
不再成串，而是星散
我不知道未來該如何挽住記憶
如同晚雲，山脊彌天，也如秋霞曾經燦麗金黃
但是，黑夜勢必吞噬

我夢見，我們合唱一曲有關藍色的歌
錄下，預備在風雨裡可以重複聆聽
什麼歌呢？在星星都睡著的夢裡
沒有答案，在颱風即將來臨前
斜雨，織成斜斜的清晨六點
我是忘了？還是我們還沒討論結果我就醒了？

歌詞，可以是土耳其藍嗎？
那是藍色和綠色的精妙深邃
高貴的寶石山色，疊疊群巒剛剛甦醒
澄澈的天空眼色，有天使酒宴時的柔和
遼闊的黑潮水色
恬靜深邃的洋流有我的湛然與瞭望

未來的思念，很久之後
下輩子，下下輩子某個時刻
在菊花田旁
在邊界酒店的屋簷
在雪山的山毛櫸森林
如果我們相遇，土耳其藍
會是密碼，會是曾經共唱的夢歌

看世界的方法 280

量子糾纏的雨季
死亡通知書的日期自己填

讀者線上回函

更多有鹿文化訊息

作者　王浩一
攝影　林煜幃

封面設計　兒　日
責任編輯　林煜幃

社長兼發行人　許悔之
總編輯　林煜幃
設計總監　吳佳璘
企劃主編　蔡旻潔
行政主任　陳芃妤
編輯　羅凱瀚

藝術總監　黃寶萍
策略顧問　黃惠美．郭旭原．郭思敏．郭孟君．劉冠吟
顧問　施昇輝．宇文正．林志隆．張佳雯
法律顧問　國際通商法律事務所／邵瓊慧律師

出版　有鹿文化事業有限公司
地址　台北市大安區信義路三段 106 號 10 樓之 4
電話　02-2700-8388
傳眞　02-2700-8178
網址　http://www.uniqueroute.com
電子信箱　service@uniqueroute.com

製版印刷　沐春行銷創意有限公司

總經銷　紅螞蟻圖書有限公司
地址　台北市內湖區舊宗路二段 121 巷 19 號
電話　02-2795-3656
傳眞　02-2795-4100
網址　http://www.e-redant.com

ISBN：978-626-7603-18-5
初版一刷：2025 年 2 月
定價：420 元

書衣 | 凝雪映畫 140g
內封 | 原儷卡 250g
內頁 | 嵩厚劃刊 76g

國家圖書館出版品預行編目 (CIP) 資料
量子糾纏的雨季：死亡通知書的日期自己填
王浩一著 . -- 初版 . -- 臺北市：
有鹿文化事業有限公司 , 2025.02
328 面 ; 14.8 x 21 公分 .（看世界的方法 ; 280）
ISBN 978-626-7603-18-5(平裝)
1. 老年 2. 人生哲學 3. 生活指導
554.8　114001207